Die Farbe des Regenbogens

Anteilnehmendes Führungsverhalten

Swami Amritaswarupananda Puri

Mata Amritanandamayi Center
San Ramon, CA 94583, Vereinigte Staaten

Die Farbe des Regenbogens
Anteilnehmendes Führungsverhalten

Swami Amritaswarupananda Puri

Herausgegeben von:
   Mata Amritanandamayi Center
   P.O. Box 613
   San Ramon, CA 94583
   Vereinigte Staaten

—————————— *Color of the Rainbow (German)*——————————

Erstausgabe: April 2015

In Deutschland: www.amma.de
In der Schweiz: www.amma-schweiz.ch
In Indien: www.amritapuri.org
   inform@amritapuri.org

WIDMUNG

Dieses Buch ist
Sri Mata Amritanandamayi gewidmet.
Ihr inspirierendes Leben, ihre wunderbare Weisheit und
Ihr unvergleichliches Beispiel sind schon immer mein
Leitstern gewesen.
Dieses Buch ist ihr Geschenk an die Welt,
Ich bin nur ein Werkzeug.

Amma
Sri Mata Amritanandamayi

INHALT

Vorwort   7

Vorrede   9

Einführung   11

1. Management im Angesicht ewiger Werte   23
2. Das Spiegel-Modell   37
3. Aus der Arbeit ein Fest machen   47
4. Positive und negative Zyklen   57
5. Tugend, Gelassenheit und Gnade   69
6. Kleine Korrekturen – große Veränderungen   77
7. Wie Nadel und Schere   89
8. Strömen wie ein Fluss   99
9. Zufriedenheit, der wahre Reichtum   111
10. Die verborgene Kraft des Kummers   121
11. Mannigfaltige Lektionen   135
12. Und noch eine ‚Glückspyramide'   153
13. Die Kraft der Verehrung   161
14. Gewaltlosigkeit in Aktion   171
15. Durchsetzungsvermögen statt Aggression   179
16. Unerschütterliche Überzeugung und sofortige Entscheidung   193
17. Führung von innen   205
18. Liebe, die reinste Form der Energie   215

VORWORT

Swami Amritaswarupananda blickt zurück auf 34 Jahre mit Mata Amritanandamayi Devi (Amma). In diesem Buch teilt er viele tief bewegende Geschichten mit dem Leser. Er beschreibt Ammas unvergleichliche, Art Entscheidungen zu treffen, ihre Weltanschauung, ihre pragmatische Herangehensweise und ihre Strategien, die zu überaus bemerkenswerten Resultaten führen.

Ob man ein Wissenschaftler ist, der an einer Universität über Wirtschaftstheorien forscht, ein Familienvorstand, der die Belange seines täglichen Haushalts effektiv handhaben will, ein Angestellter, der lernen möchte, andere besser anzuleiten, oder ein Geschäftsführer, der sich vielen Angestellten gegenüber sieht – selbst ein Student kann davon profitieren, die wirkungsvollen Managementmethoden und deren Umsetzung in die Praxis zu erlernen.

Er entwirft eine Vision, die für die Gesellschaft von großem Nutzen sein kann: Motivation, harte Arbeit, Disziplin, Geduld, Fairness, Versöhnlichkeit, Furchtlosigkeit, Mitgefühl, Dankbarkeit und Zufriedenheit – all diese Dinge werden in Swamijis profunder Studie über Ammas unergründliche Weisheit in lebendiger Weise geschildert.

Kapitel um Kapitel werden Methoden aufgezeigt, wie vorhandene Ressourcen effektiver genutzt werden können, wie wir unsere Haltung zur Arbeit positiver gestalten, wie wir uns bei Projekten engagiert und verantwortungsvoll verhalten und vor allem, wie wir das Wichtigste beherzigen – in allem Tun eine liebevolle und mitfühlende Einstellung an den Tag zu legen.

Sinnvolle Werte entstehen durch Vorbild und Inspiration. Die *Farbe des Regenbogens* wirft ein Licht auf einzigartige Techniken, die Manager befähigen, Loyalität und Engagement der Mitarbeiter zu stärken und darüber hinaus einen positiven Beitrag für die Gesellschaft zu leisten.

VORREDE

Die göttliche Vision Ihrer Heiligkeit Mata Amritanandamayi Devi, oder Amma, wie sie überall auf der Welt
genannt wird, hätte keine bessere Darstellung finden
können als durch die Schriften von Swami Amritaswarupananda.
Seit vielen Jahren genieße ich das Privileg, Amma und Swamiji aus nächster Nähe erleben zu dürfen und Ammas Lehren
schenkten mir stets Inspiration und moralische Stärkung. Ich
bin erfreut, dass Swami Amritaswarupananda sich entschlossen
hat dieses Buch zu schreiben und somit die Essenz von Ammas
Lehren eloquent in Worte zu fassen. Auch bin ich davon überzeugt, dass diese Ausführungen zum Thema Management nicht
nur bei ihren Anhängern, sondern bei einem größeren Publikum
Anklang und Wertschätzung finden werden.

Ammas außergewöhnlicher sozialer Dienst wie ihre humanitären Bemühungen sind legendär. Ihr Ziel, Glück und Freude
als Gottes Botschaft zu verbreiten, hat das Leben von Millionen
Menschen verändert. Ihr Leben ist eine Inspiration. Obwohl sie
vom normalen Schulabschluss weit entfernt war, wurde sie eine
erfolgreiche Architektin eines bemerkenswerten Netzwerkes
humanitärer und karitativer Aktivitäten, die von Ausbildung
über Gesundheitsfürsorge und soziales Wohlergehen bis hin zu
Katastrophenhilfe reichen. Um all diese Aktivitäten anzuleiten,
benötigt man Managementmethoden von außergewöhnlicher
Qualität. Swamiji bringt Ammas Lehren und die Weisheit der
ihr eigenen instinktiven, unnachahmlichen Art des Managements
ans Tageslicht. Damit hat sie bereits das Leben von Millionen
Menschen positiv berührt und verwandelt.

Ich glaube schon seit langem, dass Management mehr ist als bloß eine Gruppe von Menschen anzuleiten und eine Firma auf den Weg der Profitmaximierung zu bringen, als einige Fachleute dahin zu führen, vorher definierte Ziele zu erreichen oder persönliche Ambitionen zu verwirklichen. Die Fähigkeit zum Management beruht im wesentlichen auf innerer Stärke und auf der Fähigkeit, in sich selbst verankert zu sein, während man mit anderen Menschen umgeht. Das durch dieses Buch vermittelte Wissen wird Sie sicherlich zu den möglichen Quellen dieser Stärke führen. Swamijis Buch behandelt sowohl praktische als auch spirituelle Aspekte des Managements. Durch die Kombination dieser beiden Elemente hat sich Ammas Botschaft in der Welt verbreitet. Dieses Buch wird die Leser in die Lage versetzen, ihre Managementfähigkeiten zu erweitern und sie auf eine Weise anzuwenden, die in ihrer Umgebung wirklich etwas bewegen wird.

Ich gratuliere Swami Amritaswarupananda zur Veröffentlichung dieses Buches zum Thema Management. Ich bin mir sicher, es wird sich als ein weiterer wertvoller Beitrag zum bereits existierenden kostbaren Vermächtnis Ammas herausstellen, das den Menschen auf der ganzen Welt so viel Hoffnung und Freude schenkt.

Shashi Tharoor
Parlamentsabgeordneter
Staatsminister für Personalentwicklung
Früherer UN-Unter-Generalsekretär

EINFÜHRUNG

B evor ich mit der Einführung in dieses Buch beginne, muss ich gestehen, dass ich im Managementbereich keinen akademischen Abschluss vorweisen kann. Ich bin kein professioneller Manager, vielmehr bin ich ein Mönch – um präziser zu sein, ich arbeite unter der Anleitung einer ganz besonderen Führungspersönlichkeit. Ihre weltweit verzweigte Organisation leitet sie mit gut durchdachten Managementprinzipien und lehrt dabei durch ihr eigenes Beispiel.

Sie besuchte die Schule nur bis zur vierten Klasse und sie spricht nur ihre Muttersprache Malayalam. Ihre Ausdrucksweise ist einfach und umgangssprachlich. Dennoch kommuniziert sie mit Menschen aus allen Lebensbereichen, gesellschaftlichen Klassen und Religionen, mit unterschiedlichem Bildungshintergrund und Erfahrungshorizont.

Ihr Wissen über die Welt und die Menschen, insbesondere über den menschlichen Geist, sind verblüffend. Selbst äußerst komplexe Sachverhalte stellt sie auf lebhafte Weise dar und illustriert sie mit einfachen Beispielen und Geschichten.

Bereits seit 34 Jahren begleiten mich ihre Lehren und ich bin noch immer ihr Schüler. Ihr Name ist *Mata Amritanandamayi Devi*. Ihre Anhänger und Bewunderer überall auf der Welt nennen sie liebevoll Amma und sie ist bekannt für ihre besondere Art Menschen zu empfangen, indem sie absolut jeden, der zu ihr kommt, umarmt. Sie hat ein weites Netzwerk karikativer Projekte ins Leben gerufen, darunter Krankenhäuser, Bildungsstätten, wissenschaftliche Forschung im Bereich sozialer Umgestaltung, Programme zur Katastrophenhilfe, berufliche Bildung,

Umweltschutzprojekte, kostenlose Häuser für Bedürftige, Waisenhäuser und vieles andere mehr.

Dieses Buch versucht, einen Einblick in Ammas charakteristische Art und Weise der Leitung einer der weltweit größten Nichtregierungsorganisationen zu geben.

Dabei gebührt Amma der gesamte Verdienst, denn sie ist die Inspirationsquelle und die führende Hand dieses Werks. Für mich ging ein lang gehegter Traum in Erfüllung. Ich erinnere mich noch lebhaft: Kurz nach Ammas 50. Geburtstag (*Amritavarsham50*) hatte ich zum ersten Mal den Wunsch, ein solches Buch zu schreiben. Ich sprach mit Amma über diesen Wunsch und sie antwortete: „Mach es!" Seither hat sie mich ab und zu gefragt: „Hast du dein Ei noch nicht ausgebrütet?"

Nun, ich brütete schon seit einigen Jahren über dieser Idee. Tatsächlich habe ich mich in den letzten fünf Jahren geistig auf das Schreiben dieses Buches vorbereitet, indem ich Artikel und Bücher zum Thema las, Informationen sammelte und vor allem Amma unter dem Blickwinkel einer ‚erleuchteten Geschäftsführerin' (CEO) betrachtete. (Anmerkung des Übersetzers: CEO – Chief Executive Officer' wird hier modifiziert zu ‚Chief Enlightened Overseer'). Denn letztlich war es ihr lebensprühendes Vorbild als außergewöhnliche Führungspersönlichkeit, das den Prozess der Vollendung dieses Buches beschleunigte und meine Gedanken beflügelte.

Durch die persönliche Nähe zu Amma und durch aufmerksames Beobachten offenbart sich eine Reihe von beispiellosen Fähigkeiten: Die ruhige und mitfühlende Art, mit allen Situationen und Problemen umzugehen, ihre unendliche Geduld und die Fähigkeit, allen einfühlsam zuzuhören, ihre Bescheidenheit und unvoreingenommene Art, die familiäre Art und Weise, auf Menschen zuzugehen und mit ihnen zu kommunizieren, die Liebe und Fürsorglichkeit, die sie allen entgegenbringt, und schließlich ihre unerschöpfliche Energie.

Manager und Führungskräfte können viel von ihr lernen.

Bereits die alten indischen Schriften befassten sich ausführlich mit Management- und Verwaltungssystemen. In der modernen Zeit ist es der Taylorismus oder das ‚wissenschaftliche Management‘, wie es von Frederick Taylor initiiert wurde, der das erste historisch dokumentierte Managementkonzept darstellt. Dieser Ansatz legt die Betonung auf die Untersuchung und Messung der geleisteten Arbeit, die Bewertung der dabei angewandten Methoden und das Erreichen einer höheren Produktivität, ohne dass dabei dem individuellen Mitarbeiter besondere Bedeutung zugeschrieben wird. Die zweite Welle begann in Amerika, als Peter Drucker zu einem Management-Guru wurde. Anders als Taylor war Drucker der Ansicht, dass Unternehmen zwar Profit erwirtschaften müssten, dass sie jedoch auch eine Verantwortung gegenüber ihren Mitarbeitern hätten. Er wies darauf hin und war der festen Überzeugung, dass Mitarbeiter als einen Beitrag leistende menschliche Wesen betrachtet und nicht wie Maschinen behandelt werden sollten. Druckers Konzept wurde später unter Einfluss des japanischen Management-Stils weiterentwickelt, welcher den Schwerpunkt auf ‚umfassendes Qualitätsmanagement‘ (engl. TQM) oder auf ‚null-Schaden-Management‘ legt.

Die Managementkonzepte haben sich im Laufe der Jahre stets verändert, um mit den politischen, sozialen und ökonomischen Trends Schritt zu halten. Für einige Zeit galt das sogenannte POLC-Modell (Planung, Organisation, Leitung und Kontrolle) als Standard. Doch aufgrund der Verbesserungen im Bereich der Kommunikationstechnologie und der großen Anzahl an Veränderungen innerhalb der Geschäftswelt hat in der letzten Dekade das sogenannte ROAR-Modell (Reagieren, Organisieren,

Erwachen und Wieder-Besuchen) das POLC-Modell abgelöst. Heute verwendet man den modernen Begriff des ‚nachhaltigen Managements‘ (Sustainable Management), ein Konzept, das die Geschäftsstrategien an die Probleme unserer Zeit anpasst. Manche Organisationen erwägen, demokratische Entscheidungsprozesse in ihr System aufzunehmen, indem sie den Angestellten mehr Freiheiten im Hinblick auf die Wahl der Teamleiter und Mitarbeiter sowie den Arbeitsablauf gewähren.

In einer freundlichen und offenen Atmosphäre sind Angestellte eher bereit, Verantwortung zu übernehmen. Ein solcher grundsätzlicher Managementstil, der traditionelle hierarchische Strukturen überwindet, liefert nach Ansicht dieser Organisationen die besten Ergebnisse. Er könnte in der Zukunft zur Norm werden. Spirituelle Kurse, Yoga-Gruppen und Meditation werden angeboten, weil man hofft, auf diese Weise unter den Mitarbeitern eine spannungsfreie, gelöste Arbeitsatmosphäre zu schaffen. Kreativität wird äußerst positiv bewertet und Brainstorming-Sitzungen über neue Projekte und Ideen ermöglichen die Teilnahme aller Interessengruppen. Wenn man die Situation heute weltweit betrachtet, kann man sagen, dass die meisten Unternehmen ihren eigenen Management- und Führungsstil haben, der normalerweise in einer Ansammlung von Ideen besteht, die über viele Jahre von allen Ebenen der Firmenhierarchie geprägt wurden.

Angesichts der wachsenden Anzahl von Interpretationen und Kommentaren über Management und Führungsstil konzipiert jede Firma ihren eigenen Stil entsprechend der vorhandenen Prioritäten, Neigungen und Vorlieben.

Management spielt in allen Lebensbereichen eine überaus wichtige Rolle, nicht nur in der Geschäftswelt und in Organisationen. Überall, wo Menschen ein gemeinsames Ziel verfolgen, sehen wir in feinerer oder gröberer Form Managementprinzipien am Werk. Amma bemerkt hierzu: „Ob es sich um fünf Menschen handelt, die in einem Haus leben oder um fünfhundert, die in einer Firma arbeiten, im eigentlichen Sinn bedeutet Management die Führung des Geistes. Es können fünf oder fünfhundert sein – der entscheidende Punkt dabei ist: Wie will man andere Menschen wirksam anleiten, wenn man nicht gelernt hat, sich selbst, seine eigenen Gedanken und Gefühle zu beherrschen? Dies ist die erste und wichtigste Lektion: Zu lernen sich selbst zu managen."

Bei Amma sehen wir unverkennbar die allerbesten modernen Managementideen verwirklicht: Eine am Wohl der Gesellschaft orientierte Sichtweise, Furchtlosigkeit, Motivation, harte Arbeit, Anpassungsfähigkeit, Bescheidenheit, Mitgefühl, Disziplin, Vergebung, Dankbarkeit, Zufriedenheit, Fairness, Geduld etc. Wenn Reporter überall auf der Welt Amma dabei beobachten, wie sie Stunde um Stunde Menschen in die Arme schließt, stellen sie ihr die Frage nach dem Geheimnis ihrer unerschöpflichen Energie. Ammas Antwort lautet: „Ich bin nicht wie eine Batterie, deren Energie nach einer gewissen Zeit aufgebraucht ist. Ich bin auf ewig an die Quelle der Energie angeschlossen."

Eine gründliche Erforschung dieser mehrdimensionalen Führungspersönlichkeit wird praktikable Möglichkeiten aufzeigen, wie wir die verfügbaren Ressourcen angemessen nutzen können, die richtige Einstellung in Bezug auf die Arbeit gewinnen, bei den Projekten, mit denen wir befasst sind, eine verantwortungsvolle und engagierte Einstellung beibehalten, vor allem aber und am wichtigsten, wie wir bei dem, was wir tun, stets eine liebevolle, mitfühlende und gelöste Grundhaltung an den Tag legen können.

Es gibt eine bekannte Geschichte über den großen Weisen Veda Vyasa. Er verfasste die achtzehn *Puranas*, das *Mahabharata*, die *Brahmasutras* und schrieb die Veden nieder. Da er eine weise, erleuchtete Seele war, konnte er die Zukunft der Menschheit

voraussehen. Er erkannte, dass die Menschen kommender Zeitalter im tiefen Morast spiritueller, moralischer und ethischer
Degeneration versinken würden. Als ein selbstloser Wohltäter für
die ganze Welt wollte er für seine unglücklichen Nachkommen
etwas tun. Aus purem Mitgefühl ordnete er zunächst die Veden
und untergliederte sie in vier Teile. Anschließend schrieb er das
Mahabharata. Diese phänomenale Dichtung besteht aus mehr
als 100.000 Doppelversen, d.h. über 200.000 Verszeilen. Sie
enthält ca. 1,8 Millionen Worte, was etwa der zehnfachen Länge
von Ilias und Odyssee zusammen entspricht. Das Studium und
die enorme Forschungsarbeit, die er leistete, ist dem Erwerb von
mindestens einhundert Doktortiteln vergleichbar und damit der
Beherrschung vielfältigster Themenbereiche.

Vyasa war absolut davon überzeugt, dass seine Werke kommende Generationen geistig emporheben würden. Dennoch war
ihm bewusst, dass die Menschheit von Dunkelheit umhüllt sein
würde. Daher überkam diesen unglaublich genialen Weisen selbst
nach all den bereits verfassten einzigartigen Werken eine tiefe
Betrübnis – ein Spiegelbild des Elends nachkommender Mensch-
heitsgenerationen. Um einen Ausweg aus seiner Bestürzung zu
finden, suchte Vyasa eine andere große Persönlichkeit, den Weisen
Narada auf und erbat seinen Rat. Narada machte Vyasa darauf
aufmerksam, dass der Hauptgrund für seine Unzufriedenheit das
Fehlen echter Liebe in seinen Dichtungen war.

Obwohl es sich bei Vyasa um eine erwachte Seele handelte,
deren spirituelles Wissen unvergleichlich war, hatte er es dennoch
versäumt, Aspekte göttlicher Liebe in seine Dichtungen einfließen
zu lassen. Narada belehrte ihn, dass zukünftige Generationen
mehr noch als Erkenntnis die Erfahrung echter Liebe benötigten,
die sie das Eins-Sein mit Gott bzw. die Identität Gottes würde
erfahren lassen. Inspiriert durch Naradas Ratschlag schrieb Vyasa

das große Epos *Bhagavata Purana*, in welchem Krishnas Leben, seine Streiche in der Kindheit und vor allem die bedingungslose Liebe der *Gopis* zu ihm beschrieben werden. Diese Geschichte ist erfüllt von tiefgründiger Bedeutung und profunden Botschaften. Erstens: Unser Leben und alle unsere Errungenschaften sind bedeutungslos, wenn wir keine Liebe und keinen Respekt für die Schöpfung empfinden. Zweitens: Die Liste dessen, was wir erreicht haben, mag lang sein, doch nichts von alledem ist wirklich bedeutsam. Die höchste Errungenschaft unseres Daseins ist die Liebe. Drittens: Die Erweckung der in uns schlummernden Liebe und die Einsicht, dass sie unsere wahre Natur ist, erhebt uns auf die Ebene des reinen Mitgefühls. Wenn unser Herz von Liebe erfüllt ist, ergießt sie sich in Form mitfühlender Worte und Handlungen. Wenn sie auch nicht alle Menschen um uns herum berührt, so erreicht sie doch die meisten. Viertens: Veda Vyasa war eine Quelle göttlicher Eigenschaften und unvergleichbarer Weisheit jedoch auch demütig genug, den Rat und den Segen eines anderen großen Weisen, Narada, zu suchen.

Wir wollen nun diese Ideen von der geschäftlichen Perspektive aus beleuchten. Wenn wir ein hohes Amt bekleiden und über Macht und eine bedeutende Position verfügen, ist von uns Reife und Verständnis in Wort und Tat gefordert. Sollten diese Eigenschaften nicht unserer Natur entsprechen, so müssen wir sie eben entwickeln. Anders zu denken ist unwirtschaftlich und wird der Karriere nicht förderlich sein. Eine respektvolle Einstellung ist daher wichtig. Wir können im Leben nicht stehenbleiben. Wenn wir uns nicht vorwärts bewegen, werden wir weit nach hinten abgedrängt. Es ist, wie wenn eine riesige Menschenmenge in Bewegung kommt; wir haben keine andere Wahl als mitzulaufen. Andernfalls wird man über uns hinwegtrampeln.

Also laufen wir mit, doch an einem bestimmten Punkt sollten wir abheben und uns in größere Höhen emporschwingen. Welches Vergnügen bietet schon die Wiederholung? Das Vergnügen besteht darin, aufzusteigen, sich in Liebe emporzuschwingen – nicht in die Liebe hineinzufallen. (Anmerkung des Übersetzers: auf Englisch heißt ‚sich verlieben‘ ‚to fall in love‘, – in die Liebe fallen.) Wenn wir mit Liebe emporsteigen, erlangen wir auch größere Reife und Verständnis. Wir beginnen, alles von einem höheren Bewusstseinszustand aus zu betrachten. Mitgefühl und Rücksichtnahme leuchten auf. Dies führt zu einer demutsvollen Haltung, die wiederum einen steten Fluss reiner Energie in uns erzeugt und sich in all unseren Handlungen spiegelt. Wenn wir uns vor dem Universum mit Ehrerbietung verbeugen, fließt es in uns hinein.

Vorstellungskraft, Kreativität und Innovation, die drei entscheidenden Faktoren für Erfolg, entfalten sich nur, wenn wir das Leben lieben und unsere Arbeit wertschätzen.

Liebe wird ausschließlich als Lust empfunden von jenen, die nur die körperliche Ebene wahrnehmen. Für diejenigen, die fähig sind, tiefere Ebenen zu spüren, drückt sich Liebe in Vorstellungskraft und Kreativität aus. Für sie ist Liebe ein Gefühl. Große Tänzer, Musiker, Maler und Dichter gehen in Trance, in eine zeitweilige Identifikation mit dem, was Gegenstand des schöpferischen Prozesses ist. Ralph Waldo Emerson hatte Recht, als er sagte: „Ein Maler erzählte mir einmal, niemand könne einen Baum zeichnen, ohne selbst in gewisser Hinsicht zu einem Baum zu werden, oder ein Kind zeichnen wollen und das Kind nur in seinen Körperproportionen wahrzunehmen. Erst durch die Beobachtung seines Spiels und seiner Bewegungen kann der Maler sich in das Wesen des Kindes einfühlen und ist dann fähig, es in jeder Situation zu zeichnen." Diese Art der Liebe ist ein tiefes Gefühl, das einige Zeit andauert. Es ist tatsächlich selten und kostbar. Dann gibt es noch eine dritte Kategorie von Menschen, die erkannt haben: „Ich bin Liebe." Sie sind ständig von Liebe erfüllt. Bei solch einer Liebe verschwinden die Mauern des durch ‚Ich' und ‚Du' erschaffenen Gefängnisses. Es existiert nichts anderes mehr als die Liebe.

Das gewaltige Werk und die enormen Beiträge der alten indischen Seher wie auch eines Platon, Aristoteles sowie Homers ‚Ilias' und ‚Odyssee' sind Beispiele unvorstellbarer geistiger Gipfelpunkte und höchster schöpferischer Schaffenskraft, die nur in einem einzigen Leben erschaffen wurden! Es war ihnen nur deshalb möglich, weil sie die Quelle reiner Energie, die ungeteilte Liebe, in sich entdeckt hatten. Diese Quelle bedingungsloser Liebe ist auch das Geheimnis von Ammas unerschöpflicher Energie und des großen Erfolgs, den sie dadurch erlangt hat.

Vijay Bhatkar, der Gründer der indischen Initiative der Supercomputer, führt aus: „Amma hat mich dazu inspiriert, die Initiative zum Bau von Supercomputern ins Leben zu rufen. Sie betont nicht nur die Bedeutung des Intelligenzquotienten (IQ), sondern auch des Emotionalen Quotienten (EQ) und des Spirituellen Quotienten (SQ). Hiermit schafft sie ein Gleichgewicht zwischen wissenschaftlicher, spiritueller und kultureller Erziehung. Amma hat die Sprache der Liebe und des Mitgefühls wiederbelebt. Diese Sprache ist universell und ewig und alle Lebewesen können sie jederzeit verstehen. Bei Amma erreichen die Liebe und das Mitgefühl, welche sie ausdrückt, eine übermenschliche, uns unbekannte Dimension. Während Umarmungen normal sind zwischen Eltern und Kindern, zwischen guten Freunden oder Liebenden, ist Ammas Umarmung universell und überschreitet die Beschränkungen von Nation, Rasse, Sprache, Religion, Alter oder gesellschaftlicher Stellung.

Vor einigen Jahren hat der weltbekannte Linguist vom Technologischen Institut Massachusetts (MIT), Professor Noam Chomsky, entdeckt, dass es im Gehirn ein sprachgenerierendes Zentrum gibt, das die Verarbeitung und das Erlernen von Sprachen ermöglicht. Dieses Zentrum versteht nur eine ‚Meta-Sprache‘, die allen Sprachen zugrunde liegt. In ähnlicher Weise hat Amma als gemeinsamen Nenner aller Sprachen die Sprache der Liebe und des Mitgefühls in den Vordergrund gestellt. Durch diese Universalsprache ist Amma in der Lage, mit allen zu kommunizieren, egal woher sie kommen. Obwohl sie nur Malayalam spricht, kann sie sich dadurch mit all ihren Kindern verständigen; auch wir können mit ihr auf diese Weise kommunizieren, zuweilen durch Schweigen. Dies ist ein weiterer einzigartiger Beitrag Ammas für die Welt.“

Als der damalige indische Premierminister Sri Atal Bihari Vajpajee das Amrita-Institut für Medizinische Wissenschaften und Forschung – ein von Amma 1998 ins Leben gerufenes hochmodernes mehrfach spezialisiertes Krankenhaus – einweihte, sagte er:

„In der heutigen Zeit benötigt die Welt einen stichhaltigen Beweis, dass unsere menschlichen Werte von Nutzen sind, dass Eigenschaften wie Mitgefühl, Selbstlosigkeit, Entsagung und Demut über die Kraft verfügen, eine gute und wohlhabende Gesellschaft zu schaffen.“

Ich erinnere mich an die Geschichte, die von einem Anhänger Ammas stammt, den man gebeten hatte, einige Tage lang Videoaufnahmen von armen Menschen in ihren alten Behausungen zu machen, kurz bevor sie in die neuen Wohnungen übersiedelten, die Amma für sie hatte bauen lassen:

„Es gab da eine Frau; ihre Geschichte kenne ich nicht wirklich. Sie war eine alte Witwe. Ihre Ohrläppchen waren äußerst lang durch schweren Schmuck, den sie schon längst nicht mehr besaß, offensichtlich um über die Runden zu kommen. Bevor ich ins Auto stieg, blickte ich noch einmal zurück und war höchst erstaunt: Der indischen Tradition folgend zündete die alte Frau am Türeingang zur Abenddämmerung eine Öllampe an. Sie tat es nur nach Gefühl, denn sie war blind – eine blinde Frau, die eine Lampe anzündete für diejenigen, die sehen können."

„Ich bin Liebe, ich bin Gottes Strahlenglanz in menschlicher Form", dieses Wissen ist eine unerschöpfliche Energiequelle. Jeder vermeintliche Erfolg ist zum Scheitern verurteilt, wenn es uns nicht gelingt, den folgenden Generationen ein gutes Beispiel zu geben. Vielleicht wird unser Name in die Geschichte eingehen, doch an unsere Gedanken und Taten wird man sich nicht mit Bewunderung oder Respekt erinnern. Außer nach objektiven Erkenntnissen, Gesundheit und Wohlstand zu eifern, sollten Führungspersönlichkeiten auch nach innerem Wissen, innerer Gesundheit und innerem Reichtum streben. Erst das Gleichgewicht dieser drei Faktoren führt zu wahrem Wachstum und wahrem Erfolg, was für immer in Erinnerung bleiben wird. Ich hoffe aufrichtig, dass mein Bemühen, Ammas inspirierendes Leben und Handeln in Form dieses Buches wiederzugeben, dem Leser von Nutzen sein wird und in ihm den Wunsch hervorruft, ihrem Beispiel zumindest in einem gewissen Ausmaß zu folgen.

Mein tief empfundener Dank gilt Sneha (Karen Moawad) für ihr engagiertes Bemühen, mir bei der Herausgabe dieses Buches zu helfen, ebenso Swami Paramatmananda für die Erstellung des Layouts sowie Aloke Pillai, einem jungen, talentierten Künstler aus Toronto, der den äußerst gelungenen Umschlag entwarf.

Swami Amritaswarupananda
Mata Amritanandamayi Math
Amritapuri, Kerala, Indien

KAPITEL EINS

Management im Angesicht ewiger Werte

Wenn man heutzutage das Wort ‚Management‘ oder ‚Führung‘ hört, verbindet man dies mit der Leitung eines Unternehmens oder mit politischer Führung. Im Grunde bedeutet Management, den Überblick über die Ressourcen, die finanziellen Verhältnisse, die vorrangigen Ziele und den Zeitfaktor zu haben. In der Geschäftswelt läuft alles auf Profit hinaus, d.h. auf den abgeschöpften Gewinn, der das eigene Bankguthaben anwachsen lässt.

Im allgemeinen werden die Begriffe Management und Führungsqualität nur diesen Bereichen zugeschrieben, doch tatsächlich sind sie ein wesentlicher Bestandteil unseres Alltags. Ob es sich um einen kleinen dörflichen Teestand am Straßenrand oder um ein Fünf-Sterne-Hotel, um eine mit Palmwedeln gedeckte Hütte oder einen Palast handelt, überall kommen unausweichlich Management-Prinzipien ins Spiel.

Wir leben in einem Zeitalter der Kleinfamilien. Freunde teilen sich ein Appartment oder Einzelpersonen leben allein; trotzdem spielen Management und Führungsqualität eine entscheidende Rolle. Wie in einem Unternehmen, so gibt es auch in einem Haushalt eine Führungskraft oder einen Manager.

Die technologischen Errungenschaften haben unseren Lebensstil verändert und bewirken eine Kluft zwischen den Generationen. Viele Wohnungen sind durch die moderne Technologie zu Büros geworden. Vor allem die jüngere Generation gibt technologischen Fähigkeiten und logischer Analyse den Vorrang. Die Eltern mögen im Büro die Entscheidungen fällen – zu Hause bestimmen die Kinder was gemacht wird, da sie durch die modernen digitalen Systeme über mehr Informationen verfügen als die Eltern. Sie sind nicht nur Experten im Finden und Sammeln von Wissen, sondern auch darin, die Systeme und das Wissen auf den neuesten Stand zu bringen. Viele Eltern versuchen, Anschluss zu finden – und Konflikte sind die Folge.

Unsere Märkte sind mit Produkten überflutet. Alle sechs bis zwölf Monate gibt es neue Handymodelle, neue Laptops, iPads, Tablets, Autos, Motorräder und was nicht alles. Das ist ein wesentlicher Grund, weshalb die Menschen heute so gestresst sind. Sie ‚brauchen‘ die neuen Modelle, um glücklich zu sein. Ihre Wünsche sind ‚außer Kontrolle‘ geraten. Ich möchte nicht pessimistisch klingen. Wir sind uns der Fehlausrichtung unserer Wünsche bewusst, jedoch wollen wir unsere alten Verhaltensmuster und tief verwurzelten Gewohnheiten nicht aufgeben. Doch einfache Korrekturen in unserem Leben und unserer Sichtweise können wundersame Veränderungen hervorrufen. Wir müssen nur den Willen aufbringen, sie in die Tat umzusetzen.

Dies gleicht dem alten Konzept von „Maya“ (Illusion). Die Definition von Maya ist, dass alle Dinge weder real noch unreal sind. Maya existiert sowohl im Inneren als auch im Äußeren. Innen zeigt sie sich in Form von Gedanken und außen in der Form von Gegenständen. Beständig werden wir zwischen den niemals verebbenden Wellen, die durch die innere und äußere Welt entstehen, hin- und hergeworfen.

Die Dinge sind in ständigem Fluss. Menschen warten nur darauf, ihre alten Modelle wegzuwerfen und neuen hinterherzulaufen. Jedoch sind sie durch die riesige Auswahl völlig verwirrt.

Die unstillbaren Wünsche haben sowohl auf die Familie als auch auf berufliche Beziehungen einen schädlichen Einfluss. Man werfe einen tieferen Blick auf die Definition von Maya und den gegenwärtigen Zustand der Menschheit. Man kann das Verhalten der Menschen um uns herum beobachten. Fallen wir nicht allzuleicht der Faszination zum Opfer, die durch die Technologie hervorgerufen wird, sind wir nicht gefangen in der Welt der Illusionen? Überall, selbst in den Dörfern, sind die Menschen gesundheitsbewusster geworden. Man kann sie morgens spazierengehen oder joggen sehen. In Städten sind über 60 % der Menschen Mitglied in einem Sportverein. Und doch gibt es einen rapiden Anstieg an Geisteskrankheiten, hohem Blutdruck, frühzeitiger Diabetes, Herzkrankheiten usw. Weshalb nur? Es gibt eine einfache Erklärung dafür – die Menschen haben weniger Phasen der Erholung. Sie verbringen mehr Zeit und Energie damit, über etwas nachzugrübeln, sie werden unruhig, wünschen sich verschiedene „Dinge" und sehnen sich nach dem, was andere haben. Doch von geistiger Gesundheit kann man nur dann sprechen, wenn keine störenden Gedanken oder Gefühle das innere Gleichgewicht stören.

Im Leben sind sowohl die von Menschen erschaffenen Regeln als auch die schon immer bestehenden Geheimnisse des Universums gleichermaßen wichtig. Doch im Sog unserer Gewohnheiten und Verhaltensmuster vergessen wir dies. Es spielt keine Rolle, ob wir arm sind oder reich, gebildet oder ungebildet, der Geschäftsführer eines internationalen Konzerns, der Besitzer eines kleinen Ladens oder ein Bauer – das Wissen um die genannten zwei Aspekte und ihre praktische Anwendung bei allen unseren Unternehmungen sind der eigentliche Schlüssel.

Das Leben ist das größte aller Spiele. Unsere Fähigkeit, die von Menschen geschaffenen Regeln und das Gesetz des *Dharma* in vollkommenem Gleichgewicht zu halten, bestimmt unseren Erfolg, unser Glücksempfinden und unseren Frieden im Leben. Mit kritischem Auge betrachtet ist der Gewinn des Spiels nicht das eigentliche Ziel. Der wahre Sieg besteht darin, mit Anstand zu gewinnen. Einer der beiden Welten zuviel Wirklichkeit und Bedeutung beizumessen ist gefährlich. Man sollte daher in der Mitte zentriert sein, weder eine Vorliebe für die eine noch die andere Seite haben. Von der Mitte oder dem Zentrum aus hat man eine ziemlich gute Sicht auf alles, während eine Welt zu bevorzugen uns nur einen einseitigen Blick gewährt. Hier ist der Punkt, an dem spirituelles Verständnis, Innenschau, Meditation und eine mitfühlende Einstellung uns eine ganz neue Welt eröffnen können.

Ich würde daher folgendes Rezept empfehlen: 1. Hinterfrage dich täglich, 2. Erkenne die eigenen Schwächen und Begrenzungen, 3. Überwinde sie und 4. Ersetze negative durch positive Gedanken. Eine Veränderung der Sichtweise tritt nur ein, wenn wir unsere Schwächen erkannt haben und hinter uns lassen.

Regierungen und multinationale Konzerne waren darin erfolgreich, den allgemeinen Lebensstandard und Komfort anzuheben. Die wirtschaftliche Lage scheint sich weltweit verbessert zu haben; zumindest entsteht dieser Eindruck. Wenn dies der Fall ist, warum gibt es dann soviel Unzufriedenheit und Leid? Warum hat die manisch-depressive Erkrankung so alarmierend zugenommen? Warum hat sich die Selbstmordrate überall auf der Welt erhöht? Warum nehmen Konflikte, Gewalt, Krieg, Hass und Selbstsucht zu? Wir haben uns zwar auf allen Gebieten bemüht, die Probleme zu lösen – ökonomisch, militärisch, intellektuell, wissenschaftlich und technologisch -, doch nur mit geringem oder gar keinem Erfolg.

Wir machen sehr wohl wissenschaftliche und technologische Fortschritte, doch unsere geistige Gesundheit ist zerrüttet. Der Geist muss mit der wissenschaftlichen und technologischen Entwicklung Schritt halten. Andernfalls werden wir von ihnen abhängig, und das bringt uns letztendlich nur Leid.

Eltern, Lehrer und andere Menschen sollten die Reife und das Verständnis besitzen, die noch formbaren jungen Gemüter positiv zu beeinflussen und falls nötig zu korrigieren. Wir alle wissen, dass die Kinder zu den Menschen heranwachsen, die in Zukunft Verantwortung tragen werden. Sie werden Ehemänner, Ehefrauen, Großeltern, Manager, Fachleute und Politiker sein. Ebenso wie wir sie bei ihrer Ausbildung unterstützen, sollten wir ihnen auch beibringen, wie sie mit ihren Wünschen, ihrem Geist, ihren Handlungen und Reaktionen umgehen sollen. Lehrt sie, ihre Wünsche nicht zur Gier werden zu lassen. Sagt ihnen, dass intensives Begehren und tiefer Hass eine Bedrohung für inneren Frieden und Freude darstellen. Lehrt sie den Wert von Ehrlichkeit, Aufrichtigkeit, Mitgefühl, Fürsorglichkeit und die Bereitschaft zu teilen.

Am bedeutsamsten aber ist: Eltern sollten wissen, dass Disziplin allein nicht ausreicht. Die Kinder müssen in ihren Eltern ein Vorbild sehen können, was diese positiven Eigenschaften angeht, selbst wenn sie dabei nicht perfekt sind.

Doch während wir aufwachsen und beobachten, was unsere Eltern tun, erkennen wir eine andere Botschaft – nämlich dass es zum Erfolg führt, wenn wir gegenüber anderen unseren Vorteil nutzen. Uns wird die falsche Botschaft vermittelt, dass wir jedes Mittel einsetzen können, um die eigenen Ziele zu erreichen, sei es Betrug, Unehrlichkeit oder Täuschung der Mitmenschen.

Durch ihr eigenes Beispiel lehren die Erwachsenen den Kindern, ihre Spuren zu verwischen und alle Schlupflöcher zu nutzen, um nicht erwischt zu werden. Die Schlussfolgerung daraus ist die, dass sie um so mehr Erfolg haben, je durchtriebener sie sich verhalten. Auch die Gesellschaft vermittelt den Eindruck, dass es ein Zeichen von Schwäche ist, liebevoll und mitfühlend zu sein.

In der heutigen Zeit schätzen die Menschen, insbesondere die jüngeren, spirituelle Grundsätze oder ewige Werte nicht sehr. Nehmen wir doch einmal unser Alltagsleben unter die Lupe: Wir alle praktizieren diese Werte im Umgang mit Menschen und in vielen Situationen. Wir nennen das dann nur nicht Spiritualität.

Hört man sich zum Beispiel anteilnehmend die Probleme einer anderen Person an, dann ist man in diesem Moment spirituell. Ist man einem Bettler oder einem Bedürftigen gegenüber mitfühlend, ist das nichts anderes als Spiritualität.

Wenn man sich um das Wohlergehen seiner Angestellten kümmert, ist man gewiss spirituell. Ebenso ist es spirituell, wenn einem beim Anblick eines Waisenkindes das Herz aufgeht. Doch nennen wir all dies Spiritualität? Nein, das tun wir nicht. Wir nennen es normal, nicht wahr? Richtig, Spiritualität lehrt uns in der Tat, ganz gewöhnlich zu sein und ein Leben als normale Menschen zu führen.

Doch, wenn ein Student an einer Universität wie Harvard, Princeton, Yale, MIT oder an einer indischen IIT oder IIM einen akademischen Abschluss erlangt, herrscht leider die Auffassung vor, das Ziel des Lebens sei *Kama* (ein teures Auto, ein großes Haus, ein Heimkino, das neueste Smartphone etc.). Um diese Wünsche zu erfüllen, benötigen wir Geld und Erfolg. Somit machen die Menschen Geld und werden erfolgreich – wobei der Zweck das Mittel heiligt – und dann sagt man, dies sei *Dharma* oder Rechtschaffenheit. So nehmen etwa Menschen

Bestechungsgelder an und sagen, dies sei Dharma, denn das Gehalt sei ja niedrig und jeder andere mache es auch.

Das Ergebnis davon ist, dass wahre Freiheit – die Freiheit von Spannungen, Stress, negativen und destruktiven Gedanken – einfach nicht existiert, und ebenso ist die Ursache-Wirkung-Beziehung zwischen Wünschen, Geld, Rechtschaffenheit und Freiheit ins Gegenteil dessen verkehrt, was wünschenswert wäre.

In vielen Städten auf der Welt heißt es, wenn man ein bequemes Leben und eine gute gesellschaftliche Stellung haben möchte, brauche man die „Fünf C", nämlich: Bargeld, Auto, Kreditkarte, Eigentumswohnung und Mitgliedschaft in einem Club (auf Englisch: cash, car, credit card, condominium, club membership). Doch haben wir dabei ein sechstes C vergessen, nämlich das Krematorium (Englisch: crematorium), was uns sicher ist. Ob wir nun in den Besitz eines der ersten fünf C gelangen oder nicht, das sechste wird ganz sicherlich kommen, ungeachtet des Wohnorts, der Nationalität, der Macht und der Position. Es wird keine Vorwarnung geben. Es packt uns und reißt uns alles, was wir unser Eigen nennen, einfach weg.

Sind Sie der Meinung, über den Tod und die Einäscherung zu sprechen sei in diesem Zusammenhang unwichtig? Da bin ich anderer Auffassung. Ob wir nun an die Wiedergeburt glauben oder nicht, der Tod ist in der Tat von Bedeutung, denn er ist ein überaus wichtiges Ereignis in unserem Leben. Während wir vollauf damit beschäftigt sind, unser Leben, unser Geschäft und anderes zu organisieren, um zu siegen, denken wir nicht an den Tod, den absoluten Untergang des Egos, der uns jeden Augenblick erreichen kann. Nichts kann ihn aufhalten. Den Tod im Bewusstsein zu haben ist wichtig, weil es uns demütig werden lässt, und Demut ist eine unentbehrliche Eigenschaft für alle, die gewinnen und erfolgreich sein wollen.

Wir leben in einer E-Welt: E-Bildung, E-Lesen, E-Regierungsführung, E-Handel, E-Geschäft, E-Bibliothek, E-Seva-Center, E-Banking usw. Die Liste ist endlos. Behaltet alle diese Es, denn sie gereichen der Gesellschaft zum Wohl. Doch vermeidet ein anderes, ein gefährliches E: Das Ego. Dieses E sollte VERSCHWINDEN. Zumindest sollte man es unter Kontrolle halten. Auf keinen Fall sollte man ihm gestatten, ohne Erlaubnis einzudringen und sich einzumischen. Wenn es einem als hilfreich und notwendig erscheint, kann man das Ego bitten, einzutreten und sobald der Zweck seiner Anwesenheit erfüllt ist, weise man ihm die Tür. Als normale menschliche Wesen, die sich in einer Welt voller Stress und harter Konkurrenz durchkämpfen müssen, haben wir Schwierigkeiten, unsere Lebensziele zu erreichen. Haltet kurz inne und denkt einen Augenblick darüber nach, was eure Ziele sind. Habt ihr die richtigen Schwerpunkte gesetzt? Was brauchen wir wirklich im Leben? Sind außer Namen, Macht, Stellung und Guthaben nicht Glück und Liebe ebenso unverzichtbare Aspekte des Lebens?

Erfolg, von dem man sagt, dass er im Leben eines jeden Menschen ein wichtiges Ziel ist, läuft letztlich auf Glück hinaus. Viele Menschen jagen dem Geld hinterher, um sich Glück zu kaufen. Man kann sich selbst in regelmäßigen Abständen fragen:

1) Fühle ich mich heute glücklich oder weniger glücklich?

2) Spüre ich Liebe in mir und kann ich diese nach außen zeigen?

Sollte eure Antwort auf beide Fragen positiv sein, so bewegt sich euer Leben in Richtung Erfolg. Wenn die Antwort negativ ist, dann macht ihr einfach nur Geld. Eine echte Führungspersönlichkeit wird wirtschaftlichen Zuwachs ohne Liebe und Glück nicht als wirklichen Erfolg ansehen, denn sie gehören untrennbar zusammen. Letzten Endes sollte jede gute Führungskraft dazu beitragen, die Menschen glücklich zu machen. Eine unglückliche Führungsperson, die keine Liebe zu geben hat, kann bei den Mitmenschen nur Leid hervorrufen.

„Glücklichsein ist nicht etwas, das einfach nur geschieht. Es ist nicht das Ergebnis von Glück oder Zufall. Es ist nichts, was man mit Geld kaufen oder durch Machtbefugnis anordnen kann. Es hängt nicht von den äußeren Geschehnissen ab, sondern vielmehr davon, wie wir sie deuten. Tatsächlich ist Glücklichsein ein Zustand, der von jedem Menschen vorbereitet, gepflegt und verteidigt werden muss." Dies sagt der ungarische Psychologe Mihaly Csikszentmihalyi, bekannt für seine Forschungsarbeit im Bereich von Glück und Kreativität. Bekannt wurde er durch seine Begriffsprägung ‚im Fluss sein'. Dies beschreibt einen Zustand erhöhter Konzentration und das volle Eintauchen in eine Aktivität wie etwa Kunst, Spiel oder Arbeit.

Geschäftlich zu expandieren, überall auf der Welt Filialen zu errichten und Profit zu erwirtschaften mag für uns wünschenswert sein, doch bei alledem sollten wir unseren Geist ebenfalls auf die unveränderlichen Gesetze des Universums einstimmen. Dies ist die grundlegende Voraussetzung, um einen positiven Wandel in der Einstellung der Menschen herbeiführen zu können. Ein solcher Wandel wird jeden einzelnen von uns und auch zukünftige Generationen glücklicher machen und mehr Frieden mit sich bringen.

Aller materieller Fortschritt und Gewinn, den wir machen, ist letztlich bedeutungslos, wenn nicht einmal zwei Menschen in einer glücklichen und liebevollen Atmosphäre zusammen sein können. Man denke nur an ein Paar, das zusammenlebt und sich ständig in den Haaren liegt. Wie kann die Menschheit solch ein oberflächliches Leben führen? Wir haben kluge Management-Gurus, wissenschaftliche Genies, große Denker, Schriftsteller und politische Zauberer, doch was nutzt uns all dies, wenn wir nicht die Fähigkeit und den Willen aufbringen, mit unserer inneren Welt, unserem Geist und unseren Emotionen fertig zu werden? Welchen Sinn hat es, wenn wir dabei versagen, ein Gleichgewicht zwischen Herz und Kopf oder zwischen unserem Verlangen nach Reichtum und unserem Bedürfnis nach Glücklichsein herzustellen?

Somit ist es klar, dass wir gute Vorbilder brauchen, die uns dazu ermutigen, einen Wertewandel herbeizuführen. Bei der älteren Generation können wir nur wenig tun. Die jüngere Generation ist klug und intelligent, hat jedoch bereits festgelegte Verhaltensmuster. Ein nachhaltiger positiver Einfluss kann nur durch eine Person mit großer Inspirationskraft erfolgen. Denn viele Entscheidungen wurden bereits getroffen und Sichtweisen sind schon festgelegt, doch in der heranwachsenden Generation liegt ein enormes Potenzial. Eine wahrhaft inspirierende Persönlichkeit vermag sowohl die jetzige Generation positiv zu beeinflussen als auch die nachwachsende Generation zu transformieren.

Mata Amritanandamayi Devi, überall auf der Welt liebevoll Amma genannt, ist eine außergewöhnlich mitfühlende, spirituelle Führungspersönlichkeit und Humanistin. Dieses Buch stellt ihr Managementkonzept vor, das auf uralter Weisheit beruht. Es beschreibt die Art und Weise, wie Amma das Leben von einer ganz anderen Dimension aus betrachtet, wie sie mit Situationen und Ressourcen umgeht, Entscheidungen trifft und Menschen inspiriert.

Seit 1993 hat Amma von der internationalen Gemeinschaft wachsende Anerkennung erfahren als eine wertvolle Quelle praktischer spiritueller Weisheit, die die Welt in eine bessere, hellere Zukunft führt. Wir brauchen vor allem Meister, die uns durch ihr eigenes Beispiel belehren; Menschen, die natürliche Manager,

Wissenschaftler, Künstler und integre Politiker sind. Das Licht, das sie verbreiten, ist in der Tat die Not der Stunde.

Obwohl Ammas Ausbildung nur bis zur vierten Grundschulklasse ging, ist sie die Gründerin, Leiterin, alleinige Inspirationsquelle und Katalysatorin eines weltweiten Netzwerks humanitärer Aktivitäten, die Gesundheitsfürsorge und Ausbildungseinrichtungen mit einschließen.

Amma hat eine besondere Art, Menschen zu begegnen und sie willkommen zu heißen. Beim ‚Darshan' umarmt sie jede einzelne Person und lässt sie die verwandelnde Kraft der Liebe, die Freude des Gebens, das Geschenk der Fürsorglichkeit und des Mitgefühls erfahren. Ammas Darshan entstand als die Umarmung einer liebevollen Mutter. Sie war damals noch ein Teenager und tröstete auf diese Weise die einsamen und leidenden Menschen in ihrem Dorf. Sie stellt sich und ihre warmherzige Umarmung allen zur Verfügung. Niemand wird abgewiesen. Stunde um Stunde, Tag um Tag, Jahr um Jahr – seit mehr als 40 Jahren umarmt sie alle, die zu ihr kommen. Ob Mann oder Frau, krank oder gesund, reich oder arm, ungeachtet der Religionszugehörigkeit oder sozialen Klasse – alle betrachten sie als ihre Mutter. Amma reist heutzutage quer durch Indien und zu sechs Kontinenten. Überall wo sie hinfährt, gibt sie denen, die zu ihr kommen, Darshan.

In Indien kommt es vor, dass Amma während eines einzigen Tages Zehntausende umarmt, wobei sie dafür manchmal 25 Stunden ununterbrochen sitzt. Während der letzten 40 Jahre hat sie über 33 Millionen Menschen umarmt! Jeder Darshan ist eine besondere Erfahrung, denn Amma ist stets frisch und spontan. Sie hört uns zu, umarmt uns und flüstert uns ein, zwei Worte ins Ohr. Sie weiß genau, was wir gerade brauchen. Mit einem kurzen Innehalten oder durch einen Blick schenkt sie uns Momente der Verwandlung. Dies wird von Tausenden bezeugt.

Amma sagt: „Meine Religion ist die Liebe." Reporter fragen sie: „Warum all diese Umarmungen?" Ihre geduldige Antwort ist: „Es ist so, als ob man einen Fluss fragen würde: ‚Warum fließt du?' Ich kann einfach nicht anders." Auf die Frage: „Sie sitzen da und umarmen stundenlang Leute. Und wer umarmt Sie?", antwortet sie: „Die gesamte Schöpfung umarmt mich. Wir befinden uns in ewiger Umarmung." Wenn sie die riesige Zahl von Menschen sehen, die ihre Umarmung erhalten wollen, sind Journalisten manchmal neugierig darauf zu erfahren: „Verehren diese Leute Sie?" – Sie entgegnet darauf: „Nein, ich verehre sie."

Amma sagt: „Wahre Liebe überschreitet alle Barrieren. Sie besitzt die Kraft der Umwandlung und ist universell." Diese einfachen Prinzipien in die Tat umzusetzen ist die Grundlage von Ammas Leben. Doch die Auswirkung ist tiefgreifend. Sie heilt und verwandelt die Herzen von Millionen Menschen überall auf dem Erdball. Ammas Leben folgt dem Grundsatz: ‚Die Liebe überwindet alles.' Ihr Leben ist die größte Erfolgsgeschichte – ein lebender Beweis dafür, dass es möglich ist, alle Grenzen und Hindernisse von Geschlecht, Religion, Sprache, Klasse, Geld oder Bildungsstand hinter sich zu lassen und Gleichgewicht und Harmonie innerhalb der ganzen Menschheit herzustellen.

Amma sagt: „Die Werte von Liebe, Mitgefühl, Fürsorge, Ehrlichkeit, Aufrichtigkeit, Demut und Versöhnlichkeit sind heute eine beinahe vergessene Sprache. Gottseidank sind sie lediglich ‚vergessen' und nicht ‚verloren'. Wie ein Spiegel, der mit Staub bedeckt ist, befinden sich diese Werte tief in unserem Innern, sie sind verborgen. Wir müssen uns nur selbst abstauben und wir werden den Spiegel des Mitgefühls – unserer wahren Natur – wiederentdecken. Tatsächlich haben wir schon in unserer Kindheit viele Lektionen über diese Werte von unseren Eltern gelernt. In fast jedem Haus hören wir, wie Eltern ihren Kindern sagen: ‚Lüge niemals, mein Sohn. Sage stets die Wahrheit. Sei anständig zu deinem Bruder oder deiner Schwester. Lass den iPad liegen, er gehört deinem Bruder/deiner Schwester. Sei ehrlich ...‘"

Die Ideen, Perspektiven und besonderen Führungsqualitäten, die Ihnen beim Lesen dieses Buches begegnen, mögen für eine Organisation, die allein auf Profit ausgerichtet ist, nicht attraktiv sein. Ammas Methoden mögen unnachahmlich sein, doch ist sie in der Tat ein großartiges Vorbild und im höchsten Grade inspirierend. Der Ansatz, der hier beschrieben wird, kann eine enorme Kraftquelle sein, um sowohl die innere als auch die äußere Welt zu meistern, sofern der Leser gewillt ist, die Beispiele zu verinnerlichen und den empfohlenen Managementstil anzuwenden.

KAPITEL ZWEI

Das Spiegel-Modell

In ihrer Ausgabe vom 25. Mai 2013 brachte die *New York Times* folgenden Artikel:
„Tatsächlich hat Amma eine ganze Organisation ins Leben gerufen, die oftmals das Vakuum füllt, welches Regierungen entstehen lassen. Als ein Tsunami im Jahre 2004 Teile Südindiens verwüstete, brauchte Keralas Regierung volle fünf Tage, nur um bekanntzugeben, was man im Hinblick auf Hilfe und Unterstützung zu tun gedenke. Amma begann jedoch schon innerhalb weniger Stunden mit den Unterstützungsmaßnahmen und stellte für Tausende Unterkunft und Nahrung zur Verfügung. In den darauffolgenden Jahren wurden laut ihrer Organisation mehr als 6.000 Häuser gebaut. Amma hat eine weit verzweigte Organisation geschaffen, um die sie in Indien sowohl der öffentliche als auch der private Sektor beneiden. Man sagt, sie habe einen Ort aufgebaut, wo alles, vom Lichtschalter bis hin zur Recyclingsanlage so funktioniert, wie es funktionieren soll – und dies war in Indien vielleicht das größte aller Wunder."

‚*The Khaleej Times*', eine der führenden Tageszeitungen Dubais (UAE), schrieb in einem Artikel ihrer Ausgabe vom 9. Dezember 2011, dessen Titel lautete ‚*Frühzeitige Schulabbrecherin holt Fachkräfte zurück*' folgendes:

„Der Aufruf von Premierminister Dr. Manmohan Singh an im Ausland lebende indische Wissenschaftler, nach Indien zurückzukehren, um dem Land beim Durchbruch in die große Liga der wirtschaftlich fortgeschrittenen Länder zu helfen, hat trotz aller Initiativen kaum Wirkung gezeigt; doch eine Frau, die die Schule nur bis zur vierten Klasse besucht hat, schaffte es, einige der besten Köpfe zurückzubringen. Die politisch vielfach angekündigte Umkehrung des Abwanderungstrends bei hoch spezialisierten Fachkräften wird von Mata Amritanandamayi in die Tat umgesetzt. Sie ist zu einer der bedeutendsten spirituellen Führungspersönlichkeiten Indiens geworden, indem sie verschiedene Barrieren der Gesellschaft wie etwa Klassen, Bildungsunterschiede und andere Hindernisse durchbrochen hat. Amritanandamayi, die weltweit liebevoll Amma genannt wird, hat Spitzenwissenschaftler aus der ganzen Welt angelockt, nicht mit riesigen Geldsummen, sondern indem sie an ihren Idealismus und ihr soziales Engagement appellierte."

Wie bringt sie dies fertig? Welches sind ihre Werkzeuge? Die Techniken, die sie anwendet, sind nicht neu. Es sind die altbekannten Mittel der Liebe, des Mitgefühls, des Zuhörens und der Geduld. Amma ist die vollkommene Praktikerin und Schöpferin, bei ihr umfasst die Vergütung Frieden, Glück, Zufriedenheit und materiellen Wohlstand. Ich nenne diese einzigartige Methodik das Spiegel-Modell:

1. **Meditation**: Meditation bedeutet die Stille in sich zu finden. In die Praxis umgesetzt heißt dies, den Problemen und Fragen der Teammitarbeiter aufrichtig zuzuhören, ihnen stets mit Klarheit, Geduld und Gelassenheit Anleitung und Orientierung zu geben. Damit ist nicht gesagt, dass wir 24 Stunden täglich im *Samadhi* sitzen sollten. Vielmehr handelt es sich um eine innere Fähigkeit, loslassen zu können, sich zurückzuziehen und sich von großen Ansammlungen an Menschen wie auch Gedanken fernzuhalten, um über ein Problem nachzusinnen bis die Schale, die die Lösung verdeckt, aufbricht. Um dies mit einem Beispiel

zu illustrieren, möchte ich eine Mutterhenne heranziehen, die auf ihren Eiern sitzt, bis sie ausgebrütet sind und die Küken schlüpfen.

Amma sagt: „Angesichts all dessen, was in der heutigen Welt vor sich geht, besteht der einzige Weg, geistig gesund zu bleiben darin Meditation in den Tagesablauf zu integrieren. Die Fachleute müssen erst noch herausfinden, welchen wunderbaren Nutzen die Meditation bringen kann. Eine ganze innere Welt unerforschter Kostbarkeiten bleibt verschlossen, doch traurigerweise will sie niemand öffnen, obwohl wir den Schlüssel dazu besitzen. Wir können den unermesslichen, leuchtenden Schatz in uns nicht sehen, da unsere Gedanken und negativen Gefühle eine riesige Barriere zwischen uns und unserem inneren Reichtum darstellen. Es ist, als ob man vor einer Himmelsblume steht, ohne sie zu sehen."

Wenn man die Meditation beherrscht, gleicht der Geist der aufwärts gerichteten Flamme einer Öllampe an einem windstillen Ort.

—Bhagavad Gita, Kapitel 6.19

2. **Intuition**: Sobald wir durch Meditation die innere Stille gefunden haben, ist es nicht mehr der Geist und seine widersprüchlichen Gedanken, die uns lenken; vielmehr entwickeln wir eine andere Fähigkeit, einen intuitiven Geist, der uns in die Lage versetzt, zur rechten Zeit mit der rechten Einsicht die richtigen Entscheidungen zu treffen.

Selbst mit den Errungenschaften in Wissenschaft und Technologie und all den verfügbaren hochentwickelten Geräten gibt es Zeiten, in denen uns weder Geist noch Intellekt die Antwort, nach der wir suchen, zu geben vermögen. Es ist keine Seltenheit, dass selbst die brillantesten Köpfe bewegungsunfähig, festgefahren und unfähig sind, weiter voranzukommen. Man hat sein Bestes gegeben, alles unternommen – doch nun stocken die Dinge und es kommt zum Stillstand. An diesem Punkt benötigen wir unsere Intuition, eine Fähigkeit, die uns mit der Quelle allen Wissens verbindet. Amma sagt: „Intuitiv zu sein heißt spontan zu sein. Der erste Schritt zur Spontaneität ist Bemühung und harte Arbeit. Der zweite Schritt ist los zu lassen, alles zu vergessen, was man getan hat und in der Gegenwart, einem Geisteszustand der Ruhe, zu verweilen. Aus dieser Ruhe heraus entwickelt sich der dritte Schritt, der intuitive Geist beginnt zu arbeiten."

Steve Jobs, eine Koryphäe unserer Zeit, sagte einmal: „Deine Zeit ist begrenzt, vergeude sie nicht damit, das Leben eines anderen zu führen. Laufe nicht in die Falle von Dogmen, denn das bedeutet, nach den Denkresultaten anderer Leute zu leben. Lass deine innere Stimme nicht übertönt werden vom Lärm der Meinungen anderer Menschen. Und am allerwichtigsten, habe den Mut, deinem Herzen und deiner Intuition zu folgen."

3. **Antworten statt Reagieren**: Antworten und Reagieren sind zwei verschiedene Arten, mit einer Situation oder Person umzugehen. Antworten erfordert, auf etwas oder jemanden einzugehen; dies entsteht aus einem entspannten Geisteszustand. Es ist mehr ein Erlauben und ein Sich-Öffnen. Ein Mensch, der auf Dinge oder Menschen eingeht, verfügt über mehr Verständnis. Dies hilft, Situationen vorurteilsfrei zu betrachten und eröffnet uns neue Möglichkeiten der Erkenntnis. Wir sehen, was andere nicht sehen. Ein vorurteilsfreier Ansatz befähigt uns, bessere, den Umständen angepasste Entscheidungen zu treffen. Diese Haltung hat eine positive Auswirkung auf unsere Leistungsfähigkeit und schenkt uns mehr Verantwortlichkeit. Tatsächlich ist ‚response-ability' (Verantwortung) die ‚ability to respond' (die Fähigkeit, zu antworten).

Im Gegensatz dazu verraten reagierende Personen einen ziemlich unausgeglichenen Geist. Sie können sich über alles und jeden aufregen und stehen unter Spannung; ständig ist ein solcher Mensch kurz davor, zu explodieren. Am allerwichtigsten ist, dass ein reagierender Mensch, da er leicht seine Gemütsruhe verliert, oft zu Entscheidungen neigt, denen es an Präzision mangelt. Tatsächlich gestatten wir damit unseren Konkurrenten, zu siegen, denn ‚Reagieren‘ macht uns verwundbar. Auf der anderen Seite ist das ‚Antworten‘ ein starker Charakterzug eines Menschen, der seine Gefühle besser unter Kontrolle hat.

Wenn es die Situation erfordert, erlaubt uns das ‚Antworten‘ durchaus, Ärger an die Oberfläche treten zu lassen, ohne dass das Gefühl uns mitreißt. ‚Reagieren‘ hingegen gestattet dem Ärger, uns zu übermannen, mit dem Ergebnis, dass es unseren Handlungen an der angemessenen Bewusstheit mangelt.

Zumeist betrachten wir Menschen, Situationen und Gegenstände im Licht unserer vergangenen Erfahrungen. Wir können gar nicht anders, als voller Vorurteile zu sein. Es geschieht unbewusst und gehört zu unserer zweiten Natur. Es fällt uns schwer die Tatsache zu verstehen, dass wir Reagieren statt Antworten, wenn wir unserer Vergangenheit erlauben, unser Urteil zu bestimmen. Reagieren stammt aus der Vergangenheit, während Antworten in der Gegenwart ruht.

Wie betrachten und beurteilen wir unsere Eltern, Familienangehörigen, Vorgesetzten oder Kollegen? Anhand des ‚gestern‘, nicht wahr? In der Vergangenheit haben wir viele Eindrücke von ihnen gesammelt. Wie ein Rauchschleier halten uns diese alten Muster davon ab, die Menschen jeden Augenblick neu zu betrachten. Wenn wir jedoch wirklich einmal darüber nachdenken, ist es dann nicht so, dass wir jeden Augenblick neu geboren werden? Einige Dinge in uns sterben, während andere neu entstehen.

Wenn wir jedoch Menschen mit den Gedanken an die Vergangenheit beurteilen, entgeht uns dieser frische und unverbrauchte Aspekt des Lebens. Verlieren wir nicht etwas Kostbares, wenn wir diese Seite der Menschen und Dinge außer Acht lassen? Um die ganze Idee zusammenzufassen: die Mehrheit von uns glaubt, wir würden auf Dinge, Menschen und Situationen antworten, doch in Wirklichkeit reagieren wir, denn unsere Sichtweise wird bestimmt vom Vorrat unserer Erinnerungen. Somit ist Antworten etwas, das nur selten geschieht, während Reagieren ziemlich häufig vorkommt.

Thomas Paine, ein Schriftsteller, Revolutionär, Radikaler, Erfinder, Intellektueller und einer der Gründerväter der Vereinigten Staaten von Amerika, antwortete auf die Frage, wie man mit Ärger umzugehen habe: „Das größte Heilmittel gegen Ärger ist der Aufschub."

Und Amma rät: „Wenn euch jemand kritisiert, sagt der anderen Person wenigstens: ‚Lass mich darüber schlafen, ich werde in ein paar Stunden wiederkommen. Wenn das, was du sagst, wahr ist, werde ich es akzeptieren. Andernfalls werde ich dir Gleiches mit Gleichem vergelten.' Höchstwahrscheinlich werdet ihr erkennen, dass die andere Person recht hatte und ihr falsch lagt, denn ihr wart in einer Verfassung des Reagierens, während der andere sich in einem ruhigerem Gemütszustand befand und in der Lage war, beiseite zu treten, um das Ganze vom Standpunkt eines Beobachters zu betrachten."

Für jedes regelmäßig wiederkehrende negative Gefühl gibt es eine gewisse Häufigkeit, Intensität und Zeit der Erholung. Doch je bewusster wir werden, desto weniger wird ein solches Gefühl auftreten. Auch die Zeit, die wir brauchen, um in die Normalität zurückzukehren, wird sich verkürzen, wenn wir uns bemühen, bewusster damit umzugehen. Diese Bewusstheit wird schließlich dazu beitragen, dass wir uns immer in einem Zustand voller Gelassenheit, Heiterkeit und Selbstvertrauen befinden. Wenn wir leichter und schneller immer wieder zu unserer Gemütsruhe zurückfinden, gewinnt unser Denken an Schärfe und unsere Entscheidungen werden präziser.

4. **Einheit**: – Es geht um ein Gefühl der Einheit zwischen dem Arbeitgeber und dem Mitarbeiter. Dieses Gefühl der Einheit erwächst aus Liebe, der Fähigkeit des Zuhörens und dem daraus resultierenden Gefühl der Nähe. Diese beiden – ‚Liebe und Zuhören‘ – gehen Hand in Hand. Ein liebendes Herz hört zu. Zuhören bestärkt die Mitarbeiter und führt zu größerem Selbstvertrauen. Diese öffnen sich, gewinnen Vertrauen und verrichten ihre Arbeit eher als engagierten Dienst statt lediglich wegen des Gehaltes oder möglicher Beförderungen. Diese Vorgehensweise basiert auf Kooperation; die Tätigkeiten werden unter den Team-Kollegen aufeinander abgestimmt. Das Team arbeitet auf der Basis gegenseitigen Verständnisses zusammen und alle orientieren sich an den Firmenzielen, die es zu erreichen gilt.

Amma sagt: „Gott ist kein Wesen, das irgendwo in den Wolken auf einem goldenen Thron sitzt und Urteile fällt. Er ist das alldurchdringende, reine Bewusstsein, das unsere wahre Natur ausmacht. Daher sind wir im Kern alle eins. Ebenso wie es nur ein und derselbe Strom ist, der in eine Glühbirne, einen Ventilator, einen Fernseher und andere Geräte fließt, so ist es auch ein und dasselbe lebendige Prinzip, das alle miteinander verbindet. Wenn die linke Hand Schmerz empfindet, wird sie von der rechten Hand automatisch gestreichelt und getröstet, denn beide Hände sind Teil derselben Einheit, d.h. unseres Körpers. In vergleichbarer Weise sind wir keine vollständig voneinander getrennten Wesen, die in einer isolierten Welt leben, wir alle sind wie Glieder einer universalen Kette."

Wie es Fritjof Capra, ein berühmter Physiker, in seinem Buch ‚Der Wendepunkt' zum Ausdruck brachte: „Die Quantentheorie offenbart eine grundlegende Einheit des Universums. Sie zeigt, dass wir die Welt nicht in unabhängig voneinander existierende kleinste Teile zerlegen können."

5. **Verehrung**: Hierbei handelt es sich nicht um Respekt aus Furcht, sondern um Verehrung, die aus Liebe erwächst. Somit empfinden die Mitarbeiter gegenüber ihrem Arbeitgeber sowohl Liebe als auch Verehrung. Die verehrungsvolle Haltung bewirkt eine vergleichsweise spannungsfreie Arbeitsatmosphäre, sowohl unter den Mitarbeitern als auch auf seiten des Arbeitgebers.

Amma sagt: „Die Vermittlung von kulturellem Erbe und Werten muss einen festen Platz im Lehrplan haben, um die Vielfalt zu bewahren, die durch die Globalisierung verloren gegangen ist. Neben Fächern wie Mathematik und Sprachen sollten auch Werte wie Liebe, Mitgefühl und Verehrung der Natur gelehrt werden und sogar zum Kern des Lehrplans gehören. Wenn wir anderen mit Respekt, Verständnis und Anerkennung begegnen, werden wir fähig sein, auf der Ebene des Herzens miteinander zu kommunizieren."

Da alles von einem unteilbaren, wirklichen, göttlichen Bewusstsein durchdrungen ist, wird uns eine Haltung der Verehrung auf eine höhere Stufe reiner Energie emporheben.

Beim Spiegel-Modell hat das Team ein begeisterndes, inspirierendes Vorbild an seiner Spitze. Diese Führungspersönlichkeit gibt ein Beispiel an Liebe, Geduld, Mitgefühl, Anerkennung, Beharrlichkeit, vollkommener emotionaler Kontrolle und einer freundlichen Art der Kommunikation. Dadurch versiegt bei allen das Gefühl des Andersseins, stattdessen entsteht ein Gefühl der Einheit. Die Empfindung ‚Ich bin' wird ersetzt durch das Gefühl ‚Ich schulde Dank' (der Welt und meinen Mitgeschöpfen). ‚Ich bin der Chef, also gehorcht mir', wird ersetzt durch: ‚Wir alle sind hier, um zu dienen, also sei bescheiden.'

Ammas außergewöhnliche Fähigkeit ‚allen Arten von Problemen, die an sie herangetragen werden, Gehör zu schenken und ihre erstaunliche Begabung, mit Menschen aus allen Lebensbereichen überall auf der Welt zu kommunizieren, sind sagenhaft. Zehntausende kommen, um sie zu sehen, wo immer sie ist. Egal, wie groß die Menschenmenge ist, Amma harrt stundenlang sitzend aus, um jeden mit einer herzlichen Umarmung zu empfangen, ungeachtet seines Geschlechts, Alters, gesellschaftlichen Standes oder der körperlichen Verfassung. Ruhig hört sie allen zu, die ihr Herz ausschütten wollen. Diese Sitzungen dauern, bis auch der letzte in der Wartereihe seine Umarmung erhalten hat.

Aufgrund der angeschlagenen Gesundheit ihrer Mutter musste Amma die Schule nach der vierten Klasse abbrechen. In diesem zarten Alter lastete bereits die Verantwortung für den gesamten Haushalt auf ihren Schultern. Amma spricht nur ihre Muttersprache Malayalam. Doch sie kommuniziert mit Menschen aller Nationalitäten, Sprachen und Kulturen mit einer selbstverständlichen Leichtigkeit und es gibt keinerlei Gefühl der Fremdheit oder eine Empfindung des Andersseins.

Jeder von uns hat seine eigenen Ansichten über das Leben und die Ziele, die wir erreichen wollen. Das Ansinnen eines Diebes ist zu ‚stehlen'. Ein am Geld interessierter Mensch will ‚auf Biegen und Brechen Geld verdienen'. In ähnlicher Weise glaubt ein Glücksspieler ‚Spielen bedeutet Leben'.

Ammas Überzeugung, wie sie sie in einer Rede am 29. Dezember 2012 bei der UNAOC-Konferenz (Bündnis der Zivilisationen im Rahmen der Vereinten Nationen) in Shanghai beschrieb, lautet folgendermaßen: „Nach meiner Erfahrung ist die einzige Sprache, die von allen Menschen und auch den anderen Lebewesen verstanden wird, die Sprache der Liebe. In den letzten 40 Jahren bin ich mit Menschen aller Sprachen, Rassen, Hautfarben, Klassen und Religionen, von den Allerärmsten bis zu den Reichen und Berühmten durch die Sprache der Liebe in Kontakt getreten. In der Liebe gibt es keine Barrieren. Ich habe vollstes Vertrauen in die verwandelnde Kraft der Liebe, wenn es darum geht, alle Herzen zu vereinen."

KAPITEL DREI

Aus der Arbeit ein Fest machen

Während einer Rede in New York anlässlich des 50. Jahrestages der Vereinten Nationen sagte Amma: „Diese Welt gleicht einer Blume und jede Nation ist ein Blütenblatt. Wenn ein Blatt krank ist, zieht dies dann nicht die anderen Blätter in Mitleidenschaft? Bedroht die Krankheit nicht das Leben und die Schönheit der ganzen Blume? Ist es nicht die Pflicht eines jeden Einzelnen von uns, die Schönheit und den Duft dieser einen Weltblume zu schützen und zu bewahren, damit sie nicht zerstört wird?"

Erfolg ist das beliebteste Mantra in der heutigen Zeit. Wonach die Menschen im Leben suchen, ist eigentlich immer dasselbe gewesen. Es haben sich lediglich die Worte und Interpretationen geändert.

Verschiedene Kulturen definieren Erfolg auf unterschiedliche Weise. Für die meisten Menschen ist es Geld, Macht und Vergnügen, ähnlich der hedonistischen Philosophie. Wie Siduri, ein Charakter aus dem Epos Gilgamesh (episches Gedicht aus Mesopotamien) rät: „Dein Bauch sei voll, ergötzen magst du dich Tag und Nacht. Feiere täglich ein Freudenfest. Tanze und spiele bei Tag und Nacht. ... Solcher Art ist das Werk des Menschen."

Später entstanden andere Versionen des Hedonismus wie etwa der ethische Hedonismus, der christliche Hedonismus, der Utilitarismus, Epikuräismus etc.

In Indien gab es die Charvakas, eine von der herrschenden Lehre abweichende Philosophenschule, die einen materialistischen

Lebensstil befürwortete. Ihre Ansicht war: „Sobald der Körper zu Asche wird, gibt es keine Rückkehr mehr. Daher esst, trinkt, vergnügt euch und seid froh." Zwar haben sie unterschiedliche Namen, doch basieren alle diese Weltanschauungen auf dem Materialismus, einer auf Lustgewinn ausgerichteten Lebensweise. Nur der Grad ist verschieden. Außer einer verschwindenden Minderheit besitzen heute die meisten Menschen eine ähnliche Auffassung. Alle unsere Definitionen und Auffassungen von Erfolg in den verschiedenen Lebens- und Tätigkeitsbereichen lassen sich unter dem Oberbegriff des Materialismus zusammenfassen. Wir glauben, unser Leben sei lang, doch Amma sagt, tatsächlich sei es sehr kurz. Verglichen mit der unendlichen Zeit gleicht es eher einer Seifenblase. Unsere Lebenszeit ist wie ein großer Sack voller Gold, der uns bei der Geburt überreicht wurde – ein wundervolles Geschenk. Doch sobald wir unseren ersten Atemzug machen, beginnt das Universum, langsam aber stetig etwas von unserer Lebenszeit abzuziehen. So verringert sich unsere Lebenszeit immer mehr – bis wir schließlich bankrott sind. Und wenn wir bankrott sind, bekommen wir Besuch vom Tod. Deshalb lasst uns das Leben voll und ganz genießen!

Vor kurzem las ich einen Artikel in einer großen Tageszeitung. Der Autor, ein bekannter Management-Berater, schrieb: „Gier an sich ist gut, da sie dem Menschen einen Grund gibt morgens aufzustehen, zur Arbeit zu gehen und möglichst erfolgreich seine Arbeit zu verrichten. Erst wenn Menschen die Grenze überschreiten die zwischen ethischem und unethischem oder gar kriminellem Verhalten besteht, wird die Gier zu etwas Schlechtem."

Khaled Hosseini, gegenwärtig Sonderbotschafter des Flüchtlingskommissars der Vereinten Nationen (UNHCR), schreibt in seinem Roman ‚*Der Drachenläufer*‘, einem New York

Times-Bestseller: „In jener Nacht schrieb ich meine erste Kurz-geschichte. Ich brauchte eine halbe Stunde dafür. Es war eine kleine, düstere Erzählung über einen Mann, der eine Zaubertasse gefunden hatte und entdeckte, dass wenn er Tränen über der Tasse vergoss, sich diese in Perlen verwandelten. Obwohl er immer arm gewesen war, handelte es sich bei diesem Mann doch um einen glücklichen Menschen, der selten eine Träne vergoss. So fand er Mittel und Wege, traurig zu werden, damit seine Tränen ihm zu Reichtum verhalfen. Doch als die Perlen sich häuften, wurde seine Gier größer, und die Geschichte endet damit, dass der Mann auf einem Berg voller Perlen sitzt mit einem Messer in der Hand. Er weint hemmungslos in die Tasse hinein. In den Armen hält er den Körper seiner geliebten Frau, die er kurz zuvor ermordet hat."

Nach dieser Geschichte, nehme ich an, stimmen Sie mir zu, dass die Behauptung im obengenannten Artikel ('Gier an sich ist gut') nicht richtig ist. Und ungeachtet des Resultats sollte Gier niemals die treibende Kraft sein. Vielmehr sollten wir ein tiefes Gefühl der Freude spüren für das, was wir tun. Wir sollten einen höheren Zweck anstreben als die Anhäufung von Reichtum.

Amma sagt: „Etwas zu begehren, ist für die Menschen ganz natürlich; es ist ein Teil des Lebens. Doch Gier und extremes Ver-langen sind unnatürlich und gegen das Dasein und Gott gerichtet. Dasselbe gilt auch für die Verschwendung von Nahrung und der Neigung, mehr von der Natur zu nehmen als man braucht. Eine solche Haltung richtet sich gegen die Gesetze der Natur."

Wie lässt sich Rezession mit einem einfachen Satz erklären? Es handelt sich um allgemeine Gier, die die ganze Gesellschaft durchzieht. Das Problem liegt darin, dass wir bewusst oder unbe-wusst unseren inneren Reichtum der Zufriedenheit vergessen haben. Und wir bemühen uns nicht, unser inneres Wissen der Unterscheidungskraft wachsen zu lassen.

Vor ein paar Jahren galten kostspielige Gegenstände wie ein Auto, ein Telefon u.a. noch als Luxusgegenstände. Nun gehören diese zu unserem täglichen Bedarf. Ehemaliger Luxus hat sich somit zum Alltagsbedarf entwickelt. Doch damit hört es nicht auf. Die Begehrlichkeiten nehmen heute die Form extremer Gier und Ausbeutung an. Und diese Einstellung führte zu einem Verlust an fundamentalen Werten, der wiederum ein Ungleichgewicht der Ressourcen bewirkt. Selbst wenn wir die Welt um uns herum zerfallen sehen, sind wir dennoch nicht bereit, unsere Sichtweise zu ändern. Wir fahren mit der Ausbeutung fort.

‚Die Bedürfnisse sind unbegrenzt!' – dies ist ein fundamentaler Satz der Ökonomen. Auch im Leben sind Bedürfnisse oder Wünsche wichtige Ziele, die wir erreichen wollen.

„Während ein Mensch über die Sinnesobjekte nachsinnt, entwickelt er Anhaftung an sie; aus solch einer Anhaftung entsteht Verlangen; wenn auf dem Pfad der Befriedigung dieses Verlangens ein Hindernis auftaucht, manifestiert sich eine Kraft, die man Ärger nennt. Aus Ärger entsteht Wahn, aus Wahn erwächst Verwirrung. Wenn die Erinnerung in Verwirrung gerät, geht die Intelligenz verloren, und wenn dieses geschieht, fällt man herab aus seiner Position."

—Bhagavad Gita, Kapitel 2, Verse 62 – 63

Wenn eine Krankheit, die von einem Menschen Besitz ergriffen hat, zum Wesen dieses Menschen wird, vermag er nicht zu erkennen, dass er überhaupt krank ist. Ist eine solche Ignoranz erst einmal zu unserer Natur geworden, gibt es keinen Ausweg mehr. Der wahre Schlüssel zum Erfolg ist die Vergangenheit zu vergessen und ganz in der Gegenwart, im Augenblick, zu leben.

Amma sagt: „In der Gegenwart zu leben, heißt nicht, dass wir nicht planen sollten. Wenn man z.B. einen Plan für eine

Brücke zeichnet, sollte man mit Leib und Seele bei der Sache sein. Auch wenn man die Brücke baut, sollte man völlig präsent sein. Ein Chirurg, der einen Patienten operiert, sollte dabei nicht an seine Frau und seine Kinder zu Hause denken. Wenn er sich nicht vollkommen auf den Augenblick konzentriert, könnte ihm der Patient auf dem Operationstisch sterben. Befindet sich der Chirurg zu Hause bei Frau und Kindern, sollte er ein guter Ehemann und Vater sein (oder eine Chirurgin sollte eine gute Frau und Mutter sein). Das Büro mit nach Hause zu nehmen und das Heim ins Büro zu tragen ist gleichermaßen gefährlich. Die Arbeit bringt dann Freude, wenn es uns gelingt, sie mit Liebe zu verrichten. Und Liebe existiert allein in der Gegenwart. Wenn wir uns also in unsere Arbeit verlieben, so bedeutet dies, dass wir uns wieder mit der reinen Quelle der Freude verbinden. Das heißt nicht, dass wir ‚in die Liebe fallen'. Wenn wir es ernsthaft angehen und umsetzen, wird es uns helfen in Liebe und Freude emporzusteigen. Diese Freude, das tiefe Gefühl der Liebe, sollten wir uns bewahren. Wir werden uns durch all dies zu einem wahren Meister in unserem Arbeitsgebiet entwickeln."

Wenn wir vollständig in eine Tätigkeit versunken sind, die uns interessiert, vergessen wir für einen Moment unseren Namen, unsere Position, Adresse, Familie und Stellung. Dies kennen Dichter, Maler, Sänger, Tänzer, Wissenschaftler und Menschen, die über neuartige Ideen nachsinnen, nur allzu gut. Diese freudige Stimmung kommt von innen; die Quelle liegt nicht außen. In diesem Zustand vergessen wir sogar die Art der Arbeit, die wir gerade tun, sei es nun eine anspruchsvolle oder eine einfache Tätigkeit, denn nur das Gefühl der Freude zählt.

Vor Jahren, als der Hauptsitz des MAM in Kerala nur aus einem kleinen, von den Backwaters umgebenen Stück Land bestand, gab es für die Zentrumsbewohner eine regelmäßig wiederkehrende Arbeit, das ‚Sand-Seva'. Es handelte sich um eine Gelegenheit, mitzuhelfen und das sumpfige Gebiet um das Zentrum herum mit neuem Sand aufzufüllen. Der Sand wurde von entfernt gelegenen Orten mit Booten gebracht und am Rand der Backwaters aufgeschüttet. Dort musste er in Körbe geschaufelt und auf den Köpfen der Menschen dann zu den entsprechenden Auffüllplätzen getragen werden.

Nach den abendlichen Gebeten und dem Abendessen konnte jederzeit die Glocke zum Sand-Seva läuten. Es war für die Bewohner zu einem Teil der täglichen Routine geworden; sehnlich warteten alle auf den Glockenschlag. Er konnte um 22 Uhr, 23 Uhr, um Mitternacht oder noch später ertönen. Sobald die Glocke läutete, waren alle Bewohner mit ihren Schaufeln, Spaten, Spitzhacken und anderen Geräten für das Sand-Seva bereit.

Zunächst versammelten sich alle, ungeachtet ihres Alters, ihrer Nationalität, ihres Geschlechts und ihrer Sprache vor Ammas Zimmer und warteten. Wenig später kam Amma und sagte: „Okay, lasst uns loslegen!" Sie selbst stand immer in vorderster Reihe und beteiligte sich mit allen Kräften an der Arbeit. Manchmal schaufelte sie Sand in die Säcke, zu anderen Zeiten lud sie sich einen Sandsack auf die Schultern und trug ihn den ganzen Weg bis zum Sumpf. Gleichzeitig beaufsichtigte sie die gesamte Arbeit und gab Anweisungen. Hin und wieder machte sie Witze, sang ein Lied oder machte ein paar Tanzschritte mit dem Sandsack auf dem Kopf. Wenn jemand sie daran hindern wollte, den schweren Sack zu tragen oder den Sand zu schaufeln, pflegte sie lächelnd zu sagen: „Wenn ihr das könnt, kann ich es auch."

Jeder arbeitete sehr ernsthaft, voller Enthusiasmus und Liebe. Es war ein großer Spaß, ein vergnügliches Ereignis; die Arbeit verwandelte sich ganz spontan in etwas Spielerisches, so als ob alle tanzten. Niemand bemerkte, wie die Zeit verging. Normalerweise dauerte das Sand-Seva etwas mehr als zwei Stunden. Der Einsatz endete, wenn man Amma „Genug für heute!", rufen hörte. Da war Mitternacht schon lange vorbei.

Doch damit war noch nicht Schluss. Amma führte alle zum NGO-Hauptquartier zurück, und ihre nächste Frage lautete: „Ist der Kaffee fertig? Habt ihr die Mischung und die Chips?" (Eine Mischung besteht normalerweise aus frittierten Snacks und salzigen Bananenchips.) Sobald der schwarze Kaffee und die Mischung gebracht wurden, setzte sich Amma in den Sand, und alle setzten sich um sie herum. Dann teilte sie je einen Becher Kaffee und etwas von der Mischung aus.

Ich erinnere mich noch lebhaft an einen Vorfall, der sich einmal ereignete. Als Amma den Kaffee und die Chips austeilte, sagte sie plötzlich zu jemandem, der gerade seinen Kaffee und die Chips entgegennehmen wollte: „Du hast ja gar nicht mitgearbeitet, nicht wahr?"

„Nein, ich bin zu Bett gegangen."

„Ist es denn in Ordnung, die Früchte der Arbeit der anderen genießen zu wollen?", fragte sie mit ruhiger Stimme.

„Nein", kam die ehrliche Antwort. „Es tut mir leid, Amma." Als er fortging, rief sie ihn zurück und sagte: „Ich will nicht, dass du traurig bist, das macht mich auch traurig. Doch ich möchte weder, dass die anderen sich über dich aufregen, noch will ich ein falsches Beispiel geben. Ich darf nicht parteiisch sein. Und ich will nicht den Eindruck entstehen lassen, dass man damit durchkommen kann. Der Geist ist so raffiniert, dass er stets nach Entschuldigungen sucht, um vor Situationen und vor Verantwortung davonzulaufen. Liege ich da falsch? Was meinst du?"

Diesmal wirkte der Bewohner sehr einsichtig. Er sagte: „Amma, du hast vollkommen Recht." Daraufhin sagte Amma: „Ich möchte dich nun um folgendes bitten: Trage einen Sack mit Sand vom Ufer der Backwaters dorthin, wo wir den Sumpf aufgefüllt haben. Dann komm zurück. Du wirst deinen Anteil an Kaffee und Chips bekommen."

Als er ging, um das zu tun, was Amma ihm aufgetragen hatte, sprach sie zu den anderen: „Er muss einen Sack hertragen, weil Amma nicht unfair zu denen sein will, die selbstlos gearbeitet haben. Vergnügen und Entspannung sind das Resultat selbstloser Tätigkeit."

Wir denken vielleicht, Amma hätte es zu genau genommen, als sie einen unbedeutenden Fehler so aufbauschte und darstellte, als handelte es sich dabei um einen schwerwiegenden Verstoß. Doch die Gewohnheiten und Charaktereigenschaften, die unsere Persönlichkeit formen, entstehen aus Gedanken, die wir normalerweise beiseite schieben, da sie uns als unwesentlich oder belanglos erscheinen. Doch wir wissen genau, dass die Anhäufung von kleinen Momenten des Fehlverhaltens uns in sehr schwierige Situationen bringen kann. Diebstahl zum Beispiel beginnt oft mit unbedeutenden, kleinen Diebereien, die sich stufenweise steigern.

Erfolg fängt meist auch erst klein an und beginnt dann zu wachsen. Die Anfänge mehrerer internationaler Konzerne, einschließlich Microsoft und Apple, waren bescheiden. Ebenso fingen zwei indische international agierende Firmen, Tata und Reliance, sehr klein an. Das erste Kapital, das in Infosys investiert wurde, betrug gerade einmal 250 Dollar. In der Folge wuchs die Firma auf 7,4 Milliarden Dollar Kapitalwert an mit einem Börsenwert von 31 Milliarden Dollar.

Ein herabfallender Apfel ist nichts besonderes, doch für Sir Isaac Newton eröffnete dies eine völlig neue Welt und führte zu einer großen Entdeckung. Alles in der Natur beginnt klein. Ein riesiger Baum entspringt einem winzigen Samenkorn. Gemäß der Urknalltheorie expandierte unser Weltall aus einer unendlich kleinen Kugel der Raumzeit Singularität. Wie es Ralph Ransom, ein amerikanische Maler ausdrückte: „Das Leben besteht aus einer Reihe von Stufen. Alles wird stufenweise durchlebt. Hin und wieder gibt es eine sehr große Stufe, doch die meiste Zeit nehmen wir scheinbar bedeutungslose Stufen auf unserer Lebenstreppe."

Amma sagt: „Es gibt auf dieser Welt nichts Wertloses. Alles ist wesentlich, alles ist bedeutsam. Ein Flugzeug kann nicht starten, wenn der Motor eine technische Panne hat; noch ist es in der Lage abzuheben, wenn eine wichtige Schraube fehlt. Verglichen mit dem Motor ist die Schraube klein. Können wir deshalb sagen, weil der Motor groß und die Schraube klein ist, dass wir die Schraube vernachlässigen können? Nein, das können wir nicht."

Als verantwortungsbewusste Staatsbürger und am Gemeinwohl Mitwirkende ist es wichtig für uns zu verstehen, dass nichts als unwichtig verworfen werden kann. Alles dient einem Zweck. Der Leser sollte wissen, dass tatsächlich fast der gesamte Grund und Boden des spirituellen Zentrums in Kerala ursprünglich einmal Marschland war. Ohne eine Firma zu beauftragen, waren es allein die Bewohner und Besucher, die das Land auffüllten, planierten und in seinen gegenwärtigen Zustand versetzten, stets angeleitet von Ammas Gegenwart und Teilnahme.

Obwohl der Vorfall beim Sand-Seva, von welchem vorhin die Rede war, unbedeutend erscheinen mag, verdeutlicht er doch die Notwendigkeit, in allen Lebensumständen sehr bewusst zu handeln. Wie Amma es formuliert: „Ohne Bewusstheit gibt es kein Leben. Wahre Bewusstheit besteht darin, sich sowohl seiner Körperbewegungen, der Dinge, die außerhalb des Körpers geschehen, wie auch unserer Gedanken und Empfindungen bewusst zu sein. Dadurch können wir tatsächlich die schlechten Gewohnheiten daran hindern, uns zu beherrschen." Dies erinnert mich an einen Ausspruch von Aristoteles: „Der eigentliche Wert des Lebens hängt von der Bewusstheit und der Fähigkeit zur Besinnung ab, nicht so sehr vom bloßen Überleben."

Die Sand-Seva-Geschichte lässt uns auch verstehen, wie wichtig eine liebevolle und demütige Haltung ist, wenn wir mit Menschen und Situationen umgehen. Als Amma dem Mann der zu spät kam, sagte: „Ich möchte nicht, dass du traurig bist, das macht mich auch traurig", offenbarte dies ihre Zuneigung für die Mitarbeiter. Indem sie dem Bewohner, der sich nicht am Sand-Seva beteiligt hatte, weder Kaffee noch Chips gab, vermittelte sie eine klare Botschaft über Fairness wie auch über: ‚Du kannst nicht ständig nur deine Sachen machen – sei ein Team-Player.' Auf diese Weise machte sie alle glücklich.

Ihre wertvollste Eigenschaft besteht in der Art und Weise, wie Amma normale Arbeit in eine freudvolle Erfahrung verwandelt und so die Fähigkeit eines Vorgesetzten demonstriert, der seine Mitarbeiter wirklich inspiriert und bei guter Stimmung hält, ungeachtet, um welche Tages- oder Nachtzeit es sich gerade handelt. Wie J.R.D. Tata einmal treffend bemerkte: „Wenn wir die Menschen gewinnen wollen, müssen wir mit Charakter und Freundlichkeit überzeugen. Um ein guter Leiter zu sein, sollte man die Menschen mit Zuneigung anleiten."

KAPITEL VIER

Positive und negative Zyklen

D ie wirtschaftlichen Termini ‚positiver Kreislauf' (circulus virtuosus) und ‚negativer Kreislauf' (circulus vitiosus) werden auch ‚positiver Zyklus' und ‚negativer Zyklus' genannt. Die Begriffe beziehen sich im allgemeinen auf eine Reihe komplizierter Begebenheiten, die eine positive Entwicklung oder günstige Ergebnisse durch eine Art Rückkopplungsschleife verstärken. Wie die Begriffe schon andeuten, zeitigt ein positiver Kreislauf oder ‚Engelskreis' (circulus virtuosus) wünschenswerte Ergebnisse, während ein ‚Teufelskreis' (circulus vitiosus) negative Resultate hervorruft.

Ein positiver Kreislauf kann entstehen, wenn Neuerungen in Wissenschaft und Technik zu wirtschaftlichem Wachstum führen. Die Kettenreaktion läuft von der durch eine Neuerung gestiegenen Arbeitsproduktivität, reduzierten Kosten, niedrigeren Preisen zu höherer Kaufkraft und steigendem Konsum, wodurch das Wirtschaftswachstum in Schwung kommt und ein neuer Wachstumszyklus entsteht. Ein anderes Beispiel sind die durch ein Anlagevermögen eingenommenen Zinseszinsen, die zu einer Erhöhung der Zinsen selbst beitragen und somit einen Prozess begünstigen, bei dem der Vermögenszuwachs aufs neue angelegt wird, wodurch wiederum der Zinsertrag weiter ansteigt usw.

Das charakteristische Ergebnis eines ‚Teufelskreises' ist eine hohe Inflation, oft entsteht sogar eine Inflationsspirale, und die Inflation steigt noch mehr an. Dieser negative Zyklus beginnt

gewöhnlich mit rapide ansteigenden internationalen Wechsel-
kursen oder erheblichen Staatsschulden, die hauptsächlich auf
ungerechtfertigte Ausgaben zurückzuführen sind. Die Regierung
kann dann versuchen, ihre Verbindlichkeiten zu reduzieren,
indem sie mehr Geld druckt, was auch als ‚Monetisierung der
Schulden' bekannt ist. Doch die größere verfügbare Geldmenge
kann die Intensität der Inflation noch beschleunigen. Herrscht die
Erwartung vor, dass das Geld zukünftig an Wert verlieren wird,
sind die Leute geneigt, ihr Geld schneller auszugeben. Solange
das Geld weiterhin eine gewisse Kaufkraft besitzt, wandeln die
Leute auch ihre Ersparnisse in langlebige Güter um. Oft werden die Käufe zusätzlich durch Kredite finanziert, wodurch der
Geldwert letztendlich sinkt. Wenn die Staatsschulden ansteigen,
hat die Regierung Probleme, ihre Schulden zurückzuzahlen, so
dass sich, wie bereits angesprochen, das Drucken neuen Geldes
als einziger Ausweg anbietet. Dies führt zu einem neuen negativen Zyklus. Die indische Währungspolitik unterscheidet sich
insofern von der Politik anderer Länder, vor allem der USA und
einiger europäischer Länder, da die indische Notenbank (RBI)
einen gewissen Prozentsatz von neuem Geld durch Goldreserven
abdeckt, wodurch die Gefahr einer Inflation vermindert wird.

Da wir Menschen darin versagen, die verfügbaren natürlichen
und sonstigen Ressourcen auf verantwortliche Weise zu nutzen,
wird die unvermeidliche Folge ein gestörtes Gleichgewicht sein,
sofern nicht drastische Maßnahmen ergriffen werden die Situation
zu verbessern. Die wachsende Kluft zwischen arm und reich wird
die ungleiche und unfaire Verteilung der Ressourcen verstärken;
Elend, Unzufriedenheit und Konflikte werden die Folge sein.

Es ist an der Zeit, dass wir neue Grundsätze miteinbeziehen,
auch wenn sie intellektuell nicht besonders verlockend erscheinen.
Doch angesichts des gegenwärtigen Zustands der Menschheit

sind sie unabdingbar wichtig. Die Verbesserung würde darin bestehen von einem berechnenden zu einem einfühlsamen Herzen zu kommen. Es ist an der Zeit, ein gewisses Gleichgewicht herzustellen zwischen Entscheidungen, die man auf Grundlage von Intelligenz, Vernunft sowie logischer Analyse fällt und solchen, die man trifft, indem man das Herz, das Gewissen und die jenseitige Macht ins Spiel bringt – und so gehen unsere äußere und unsere innere Welt Hand in Hand.

Das Flüstern unseres Gewissens ist sanft, subtil und subjektiv, daher müssen wir auch die Fähigkeit des stillen Zuhörens entwickeln. Wir könnten uns angewöhnen, regelmäßig eine intime Besprechung mit unserem Gewissen zu machen. Wenn das Gewissen zu einem ‚Nein‘ rät oder dies sagt, dann sollte man nicht weitermachen. Wir haben unser Gewissen völlig außer Acht gelassen, als wir damit beschäftigt waren, die Bodenschätze auszubeuten.

Ich habe keinen Zweifel daran, dass die meisten meiner Leser mit mir übereinstimmen, wenn ich sage, dass unser Planet Erde dringend unsere liebevolle Unterstützung und einfühlsame Annäherung braucht. Dieser Aufruf ist nicht nur von feinfühligen und einfühlsamen Gemütern vernehmbar. Es ist so offensichtlich. Menschen in aller Welt, das Tier- und das Pflanzenreich, unsere Flüsse, die gesamte Natur und die Atmosphäre senden klare Signale einer Tragödie größeren Ausmaßes aus. Um es offen zu sagen, es ist eine ‚handle oder stirb‘-Situation. Wir haben nur zwei Möglichkeiten: Entweder sofort die inneren und äußeren Veränderungen einzuleiten oder an unseren alten Verhaltensmustern festzuhalten und es der Natur zu überlassen ihren eigenen Kurs einzuschlagen.

Ich erinnere mich an eine Aussage von Professor Stephen Hawking, dem weltberühmten Astrophysiker. In einem Interview mit Big Think/ Idea Hunters sagte er: „Ich sehe große Gefahren auf die Menschheit zukommen. Es ist schon einige Male in der Geschichte passiert, dass ihr Überleben an einem seidenen Faden hing. Die Kuba-Krise von 1962 ist ein Beispiel dafür. Die Häufigkeit solcher Vorkommnisse wird in Zukunft wahrscheinlich zunehmen. Wir sollten große Sorgfalt und Urteilsvermögen darauf verwenden alle Krisen erfolgreich zu lösen. Doch bin ich optimistisch. Wenn es uns gelingt, in den nächsten zweihundert Jahren alle Katastrophen zu vermeiden, sollte unsere Spezies eigentlich auf der sicheren Seite sein – wir weichen in den Weltraum aus.

Falls wir die einzige intelligente Rasse in unserer Galaxie sind, sollten wir sicherstellen, dass wir überleben und weiter existieren. Doch kommen wir jetzt in eine zunehmend gefährlichere Periode unserer Geschichte. Unsere Bevölkerung und damit auch der Verbrauch der begrenzten Ressourcen des Planeten Erde wachsen exponentiell, ebenso wie unsere technischen Fähigkeiten, die Umwelt zum Guten oder zum Schlechten zu verändern. Doch unser genetischer Code trägt immer noch die selbstsüchtigen und aggressiven Instinkte, die in der Vergangenheit der Vorteil für unser Überleben waren. Es wird schwierig genug sein, in den nächsten hundert Jahren eine Katastrophe zu vermeiden, ganz abgesehen von den nächsten tausend oder Millionen Jahren. Unsere einzige langfristige Überlebenschance wird es sein, unseren Blick nicht auf den Planeten Erde zu beschränken, sondern in den Weltraum hinaus zu streben. Wir haben in den letzten hundert Jahren bemerkenswerte Fortschritte gemacht, aber wenn wir auch nach den nächsten hundert Jahren noch weiter existieren wollen, liegt unsere Zukunft im Weltraum. Daher bin ich für den bemannten oder sollte ich sagen, für den ‚bemenschten‘ Weltraumflug.“

Wenn Professor Hawking auch bemerkt, das ‚Streben in den Weltraum' sei ‚unsere einzige Überlebenschance', so wird sich dies unter den praktischen Gegebenheiten wohl kaum verwirklichen lassen. Doch wenn der Mensch wirklich will, kann er mit Hilfe der Gesetze, die im Universum wirken, den Planeten Erde gleichwohl in einen wunderbaren, ressourcenreichen Ort für nachkommende Generationen verwandeln. Dieser Wandel verlangt eine Metamorphose, die allein darin besteht, Liebe, das zärtlichste aller Gefühle des Menschen und anderer Lebewesen zu empfinden, zu verschenken und stets in ihr zu sein. Oder wir können die Augen vor allem, was in der Welt passiert, verschließen, allein auf unsere eigene unmittelbare Bedürfnisbefriedigung fixiert bleiben und sagen: „Ich will mich nicht durch die Welt oder kommende Generationen beeinträchtigen lassen." Bevor man an einer solchen Einstellung festhält, sollte man sich einmal vorstellen, was wäre, wenn jeder so denken würde.

Tatsächlich ist ‚die Liebe ein Medium', sie verbindet den Menschen mit dem Universum, die Mutter mit dem Kind (ein menschliches Kind oder ein Tierjunges). Sie ist das Kettenglied, das jeden von uns mit dem anderen verbindet. Doch diese innewohnende Liebe muss genährt werden. Wahrscheinlich ist die Liebe nicht der ‚Weltraum', von dem Hawkins spricht. Doch tatsächlich ist die Liebe immer der ‚Raum' des Menschen gewesen – sie ist die wahre, unentdeckte Wohnstatt der Menschheit. In der Gegenwart wie auch in der Zukunft ist Liebe der eigentliche Lebensraum des Menschen, es sei denn wir entscheiden uns, diesen heiligen Raum zu verlassen. Auf Ammas ‚Flagge' als Botschafterin des Spiegel-Modells steht: „Werde in Liebe geboren, lebe in Liebe und sterbe in Liebe."

Ein einziges Wort reicht aus, Ammas mitfühlendes Wesen zu beschreiben: Geben. Die enorm vielseitigen humanitären

Aktivitäten, die sie ins Leben gerufen hat und ihr großer Beitrag zu Bildung, Gesundheitsfürsorge, Forschung, Stärkung der Position von Frauen, Wohnungsbau für Bedürftige, Umweltschutz, kostenlosen Mahlzeiten etc., lassen sich in diesem einen Wort zusammenfassen. Der frühere indische Präsident Dr. A.P.J. Abdul Kalam sagte einmal, als er über Ammas unermüdliches Wirken sprach: „Ich will Ihnen sagen, was ich von Amma gelernt habe: Es ist Geben. Lasst uns geben. Es geht nicht nur um Geld. Man kann Wissen mit anderen teilen. Man kann Schmerz beseitigen. Jeder von uns – arm oder reich – kann etwas geben. Es gibt keine größere Botschaft als dies, was Amma all den Menschen dieser Welt gibt."

Amma ist eine Visionärin, doch sie hat auch ihre Fähigkeit zur konkreten praktischen Hilfe unter Beweis gestellt. Wie der Bürgermeister von New York, Michael Bloomberg, sagte: „Ob es um die Tsunami-Katastrophenhilfe, den Wohnungsbau für Bedürftige, die wertvollen Beihilfen für Witwen und ausgebeutete Frauen oder einfach darum geht denjenigen Trost zu spenden, die es am meisten brauchen – überall auf der Welt, Amma, gibt es so viele Ihnen dankbare Frauen und Männer, deren Leben Sie verändert haben."

Wie schon Krishna in der Bhagavad Gita sagte: „Yogah karmasu kausalam." – „Yoga bedeutet Geschick im Handeln." Außerdem denkt, entscheidet und handelt Amma in einem erstaunlichen Tempo. Bei jedem Projekt ergreift sie auf selbstlose Weise die Initiative, konzentriert sich auf ihre Aufgabe und sorgt sich nicht unnötig um die Folgen oder das Resultat.

Hier sind einige ihrer Projekte:

Humanitäre Hilfe

Katastrophenhilfe

- Explosion in der südindischen Fabrik LPD für Tankwagen und Feuerwerkskörper (2012): Hilfe für die Verletzten und für die Angehörigen der Toten.
- Erdbeben in Japan /Tsunami (2011): Eine Million US-Dollar mit dem Schwergewicht auf Kinder, die ihre Eltern bei der Katastrophe verloren.
- Erdbeben in Haiti (2010): Medizinische Versorgung, Decken, Stipendien für Studenten.
- Flutwelle in Karnataka & Andhra Pradesh (2009): Hilfs-paket von 10,7 Millionen Dollar einschließlich medizinischer Versorgung, Nahrung, Haushaltsgegenständen sowie tausend Unterkünften für Flüchtlinge.
- Zyklon in Aila, West-Bengalen, (2009): Ärztliche Versorgung, Nahrung und Hilfsgüter.
- Flutkatastrophen in Bihar (2008), Gujarat (2006) und Mumbai.
- (2005): Über 1,5 Millionen Dollar für Nahrung, Hilfsgüter und Unterkünfte.
- Erdbeben in Kashmir (2005): Nahrung und Hilfsgüter.
- Orkan Katrina, USA (2005): Eine Million Dollar an den Bush-Clinton – Katrina-Fonds.
- Tsunami in Indien und Sri Lanka (2004): Es wurden 46 Millionen Dollar zur Verfügung gestellt (Bau von 6.200 Tsunami-resistenten Wohnungen, 700 neue Fischerbote, Bau einer Brücke für die Evakuierung, berufsbildende Maßnahmen für 2500 Tsunami-Opfer).
- Erdbeben in Gujarat (2001): Bau von 1200 erdbebensicheren Wohnungen.

Andere Hilfsprojekte

- Fertigstellung von 45.000 Wohnungen für Bedürftige in ganz Indien.
- Bereitstellung von 41.000 Stipendien für Kinder verarmter Bauern, Zielgröße: 100.000 Kinder.
- Stärkung der Stellung von 100.000 Frauen durch Bereitstellung von Startkapital, beruflicher Bildung und dem Zugang zu Kleinkrediten.
- Initiative für Organische Landwirtschaft; Unterstützung von 10.000 armen Menschen, Gemüse biologisch auf ihrem eigenen Land anzubauen.
- Waisenhäuser für 500 Kinder in Kerala und 50 Kinder in Nairobi.
- Verköstigung von jährlich über 5 Millionen Menschen in Indien und weiteren 100.000 Menschen im Ausland, davon 75.000 in den USA in Form von Suppenküchen.
- Pensionen für 59.000 mittellosen Frauen und körperlich oder geistig behinderte Personen, mit dem Ziel: 100.000 Menschen.
- Vier Altenheime in Indien.
- Wohnheim für arbeitende Frauen als eine sichere Unterkunft.
- Hilfsprojekt für Strafgefangene in den USA, das Gefängnisinsassen Trost spendet.

Spirituelles, Kulturelles

- Der Amritapuri-Ashram in Kerala, Indien, ist die internationale Zentrale von Ammas Hilfswerk, das auch durch hunderte Filialen und Service-Gruppen weltweit unterstützt wird.

- IAM® – Technik (Integrierte Amrita-Meditationstechnik), die kostenlos überall auf der Welt unterrichtet wird.
- AYUDH hilft der Jugend in Form von Gemeinde-Projekten, „Sei selbst die Veränderung, die du in der Welt sehen möchtest."
- GreenFriends fördert eine respekt- und liebevolle Haltung gegenüber der Natur und hat seit 2001 die Anpflanzung von einer Million Bäumen bewirkt.

Gesundheitsfürsorge

Amrita Institute of Medical Sciences (AIMS)

- Gemeinnütziges Krankenhaus mit 1.300 Betten (210-Betten auf Intensivstationen); stellt kostenlose Versorgung für Bedürftige zur Verfügung.
- 12 Schwerpunktbereiche mit 51 medizinischen Abteilungen, 24 Operationssäle.
- Mehr als 2.6 Millionen Patienten wurden seit 1998 kostenlos behandelt.
- AIMS Gemeinde-Service
- Medizinische Fernversorgung für Krankenhäuser und mehr als 40 entfernt liegende Zentren in Indien und Teilen von Afrika.
- Freie Gesundheits-Checks in strukturschwachen Gebieten, um präventive Gesundheitsfürsorge sicherzustellen.
- Hunderte dörflicher Stammesangehöriger werden zu Krankenhelfern ausgebildet.
- Fünf Filial-Krankenhäuser (drei in Kerala, eines in Karnataka und eines auf den Andamanen) stellen freie ärztliche Versorgung bereit.
- AIDS-Pflegeheim in Trivandrum und ein Krebs-Hospiz in Mumbai.

- Freie ambulante palliative Versorgung für Schwerstkranke.
- Jährlich mehr als 100 kostenlose Ärzte-Camps in ganz Indien.
- Ayurvedische Behandlungen im School of Ayurveda-Krankenhaus mit 160 Betten.
- Ausbildung von 100.000 Frauen zu häuslichen Krankenpflegerinnen in mehr als 6.000 Selbsthilfe-Gruppen.

Bildung
Amrita Vishwa Vidyapeetham (Amrita-Universität)
- Fünf Universitätsstandorte mit Fakultäten im Bereich von Ingenieurwissenschaften, Medizin, Krankenpflege, Zahnmedizin, Wirtschaft, Journalismus, Ayurveda, Erziehung, Biotechnologie, grundlegenden Naturwissenschaften und Geisteswissenschaften.
- Die Amrita-Forschungslaboratorien und andere Forschungsabteilungen entwickeln ständig Neuerungen im Bereich von Kommunikation, E-Learning, Ausbildungs-Technologie, Computerwissenschaften und Biotechnologie.
- 30 Universitäten aus aller Welt arbeiten mit der Amrita-Universität zusammen, um das Niveau von höherer Bildung und Forschung in Indien zu verbessern, unter anderem sind dies:
- Stanford, MIT, NYU, EPFL (Schweiz), VU (Amsterdam), TU München, Roma Tre, ETH Zürich und die Universität Tokyo.
- Das Institut für Erwachsenenbildung bietet berufliche Kurse und kommunale Entwicklungskurse an.
- Das von den Vereinten Nationen empfohlene Alphabetisierungsprogramm für Stammesvölker.
- Grundschul -und Gymnasialbildung

- 47 Schulen in ganz Indien mit an Werten orientierten, ganzheitlichen Lehrmethoden.
- Eine Schule für hörbehinderte Kinder in Kerala.

Ammas großer Einsatz zielt darauf ab, einen positiven Kreislauf (circulus virtuosus) zu schaffen und somit der Gefahr zu begegnen, in den Strudel eines Teufelskreises (circulus vitiosus) zu geraten, der die Negativität wie Krankheitskeime sich verbreiten ließe und alle ansteckte.

KAPITEL FÜNF

Tugend, Gelassenheit und Gnade

Wie im vorigen Kapitel dargelegt, haben die Ökonomen ihre eigene Art von einem Engelskreis (circulus virtuosus) und einem Teufelskreis (circulus vitiosus) zu sprechen. Ammas Führungsstil und Managementmethode bewirken einen außergewöhnlichen, auf der Liebe basierenden Circulus Virtuosus, der fortwährend gutherzige Menschen formt und hervorbringt.

Wenn etwas Ungutes eine negative Entwicklung nach sich zieht, sprechen wir von einem Teufelskreis. Nehmen wir zum Beispiel Angst. Wenn wir uns im Würgegriff der Angst befinden und sie nicht überwinden, führt dies zu noch größerer Angst und die Folge ist eine gesteigerte Angst. So geraten wir also in einen Teufelskreis. Mit jedem Vorfall, der Angst hervorruft, prägt sich diese Empfindung tiefer in unser Gemüt ein. Je mehr wir der Angst gestatten uns zu kontrollieren, desto tiefere Wurzeln schlägt sie in unserem Innern und wird zu einer Gewohnheit, die unsere Worte, unsere Energie und unser Verhalten negativ beeinflusst.

In einem von Amma geschaffenen Engelskreis hingegen fühlen sich die Menschen überaus inspiriert von Ammas Fairness, ihrer Liebe zur Menschheit, ihrer Kraft, ihrer Geduld beim Zuhören, ihrer Furchtlosigkeit u.v.a., denn sie als Führungskraft geht selbst mit und lebt, was sie lehrt. Wenn das Team ein machtvolles, lebendiges Beispiel wie Amma in der Leitung einer Organisation erlebt, entwickelt sich automatisch das Bedürfnis, die positiven Eigenschaften nachzuahmen. Diese Verbindung setzt einen Kreislauf in Gang, der zu einem Katalysator wird und die Organisation zu erstaunlichen Leistungen befähigt.

Ich entsinne mich eines Beispiels für Ammas unparteiische Sichtweise und fürsorgliche Haltung: Nachdem unsere NGO (Nicht-Regierungsorganisation) die Tsunami-Hilfsaktionen und Wiederaufbaumaßnahmen abgeschlossen hatte, wollten wir für den zukünftigen Bedarf und als Nachweis eine Dokumentation erstellen und alle Details in Buchform veröffentlichen. Bevor es in den Druck ging, legten wir Amma das Musterexemplar vor. Es war ein großes Buch mit vielen Fotos und lebendigen Beschreibungen. Während sie weiter Darshan gab, blätterte sie durch das Buch und schaute sich alle Fotos der diversen Seva-Projekte der Tsunamihilfe an. Es gab Abbildungen, die Amma bei der Arbeit zeigten, zusammen mit den Freiwilligen, langjährigen Mönchen, Bewohnern, westlichen Besuchern, jüngeren wie älteren Personen bei den verschiedenen Seva-Aktivitäten. Wir hatten sogar ein Bild von Ram, einem der Ashram-Elefanten, der Holz tragend seinen Beitrag zum Hausbau leistete. Während Amma das Fotobuch durchsah, rief sie plötzlich aus: „Wo ist Lakshmi?“ Zuerst verstand ich nicht, worum es ging. Ich dachte, sie meinte Lakshmi, ihre persönliche, sie umsorgende Begleiterin. Doch Amma sagte: „Keine Laksmi! Lakshmi! Lakshmi!“ Sie sagte: „Das ist nicht fair. Ihr habt hier Bilder von Ram, aber keines von Lakshmi. Auch sie hat Tsunami-Arbeit geleistet.“ Amma sprach von Laksmi, dem zweiten Ashram-Elefanten. Dies ist wahre Gerechtigkeit, nicht nur für die Menschen, sondern auch für die Tiere.

Ammas Beispiel der Selbstlosigkeit und der Fürsorge zieht viele brillante Wissenschaftler, Ärzte und Fachleute aus der ganzen Welt an. Diese Experten lassen sich in den Hochschulbetrieb oder die medizinischen Einrichtungen integrieren; Amma handhabt die Ressourcen und Umstände mit großer Sorgfalt. Diese Form der Führungsqualität erzeugt spontan einen Engelskreis.

Ihr ganzes Leben lang war und auch heute noch ist Amma mit Prüfungen und Widerwärtigkeiten konfrontiert. Am Anfang waren es ihre Familie und die Dorfbewohner, von denen sie inzwischen völlig akzeptiert wird. Seit Amma mit neun die Schule verließ, musste sie bis in die späten achtziger Jahre hinein zahllose Hindernisse in Kauf nehmen und überwinden.

Weder ihre Familie noch die Leute im Dorf hatten Verständnis für ihren Pfad der Liebe und des Mitgefühls. Aufgrund der Tatsache, dass sie ein junges Mädchen war, machte sich die Familie große Sorgen um ihre Zukunft. Doch ihr Glaube und ihr Engagement, das Leben dem Mitgefühl und der Fürsorglichkeit zu weihen, standen für Amma unverrückbar fest.

Amma hat ein weitverzweigtes Netzwerk von Engelskreisen gebildet, angefangen von kleinen Kindern bis hin zu Erwachsenen aus allen Bereichen des Lebens. Auf diese Weise leitet sie, selbst bei kleinen Kindern, einen Prozess der Reinigung und des Engagements ein. Weltweit lässt sich ein Phänomen beobachten: Kinder, die mit Ammas Organisation in Berührung kamen, legen Geld beiseite, das sie von Erwachsenen bekommen haben, um damit Ammas karitative Projekte zu unterstützen.

Vor ein paar Jahren kam in der Schweiz ein etwa dreizehn Jahre alter Junge zu Amma mit einem Briefumschlag in der Hand. Er überreichte ihn ihr und sagte: „Das ist für deine Projekte." Amma fragte: „Was ist da drin?" „Dreihundert Euro," antwortete der Junge. „Wo hast du sie her?"

„Ich habe an einem Flötenwettbewerb teilgenommen und den ersten Preis gewonnen. Es ist das Preisgeld. Du tust so viel für die Armen. Bitte nimm es!"

Die Worte des Jungen waren erfüllt von reiner Liebe und Unschuld. Amma sagte aber, er solle das Geld für sich selbst behalten. Doch damit war die Geschichte noch nicht zu Ende. Die kleine Schwester des Jungen war traurig, weil sie nichts spenden konnte, um den Armen zu helfen. Doch einige Wochen später hatte sie Geburtstag und Amma war zu dieser Zeit in München. Der Großvater des kleinen Mädchens hatte ihr zum Geburtstag ein wenig Geld geschenkt. Normalerweise hätte sie sich dafür Eis oder Schokolade gekauft, doch diesmal sagte sie zu ihren Eltern: „Ich esse immer Eis, doch jetzt will ich das Geld Amma geben. Sie kümmert sich um so viele Kinder, nicht wahr?"

So geschieht Läuterung durch Liebe. Es geschieht durch Beziehung, Verständnis und echte Sorge um das Wohlergehen anderer. Der Junge und das Mädchen hatten den gleichen Wunsch – anderen Kindern zu helfen.

Ein inspirierendes Beispiel kann tatsächlich jedes Herz berühren. Ein solches Vorbild überschreitet die Grenzen von Sprache, Land, Religion und Alter und hilft Menschen dabei, Schritt um Schritt reinere Ziele und Absichten zu verfolgen. So hilft Amma den Menschen, ihr Herz zu öffnen.

Wie bei jeder anderen Unternehmung sind auch auf dem Pfad der Tugend standhafter Glaube und Stärke nötig. Wenn sich die Ausdauer verstärkt, ändern sich die Dinge allmählich. Handlungen, Gedanken und die eigene Präsenz erfahren auf natürliche Weise Respekt und Anerkennung. Gleichzeitig wird eine Person, die einem solchen Pfad folgt, für andere zu einem Rätsel, denn berechnende Gemüter haben Schwierigkeiten damit die Kraft des Positiven zu begreifen, die zur Lebensweise wird, wenn man sie in die Tat umsetzt. Sobald man in den Engelskreis eintritt, blühen unsere innere Kraft und unser Potenzial auf. Das Positive schützt uns vor vielen Absonderlichkeiten, denn nun sind wir mit dem ewigen Gesetz des Universums verbunden. Wir werden eins mit diesem Fluss.

Der Kreislauf der Tugend befähigt uns auch zu mehr Zentriertheit, ungeachtet der äußeren Umstände. Wir genießen unsere äußeren Erfolge in ihrer ganzen Fülle. Bei einem Misserfolg bleiben wir dennoch zentriert in der Erfahrung unserer inneren Stärke. Diese Zentriertheit nach innen ist nur eine Frage der Bewusstheit.

Der größte Vorteil in den Engelskreis (circulus virtuosus) einzutreten, besteht in der Blockierung und unnötigen Einmischung des Egos. Überall auf der Welt glaubt man, dass ohne das Ego nichts erreicht werden kann. Nichtsdestotrotz ist die Wahrheit die, dass das Ego kein echter Freund, sondern vielmehr ein Feind ist, ein Hindernis, das uns daran hindert die Dinge auf rechte Weise zu sehen, zu hören, zu beobachten und zu beurteilen. Es gleicht einer großen schwarzen Wolke, die den weiten Himmel unseres Geistes bedeckt und die Wirklichkeit verdunkelt. Indem wir die Intervention des Egos verringern, können geistige Klarheit, Brillanz, Effektivität und Tüchtigkeit einen großen Schritt vorwärts machen. Diese Drosselung des Egos ermöglicht es, Entscheidungen schneller und mit größerer Präzision zu treffen.

Je mehr es uns gelingt die Einmischung des Egos zu vermindern, desto größer die Unterstützung und der Schutz, die wir durch das Universum erhalten. Es ist so, als trage uns eine unbekannte Macht durch die verschiedenen Herausforderungen des Lebens. Tatsächlich wirkt an diesem Punkt das Gesetz der Gnade, das Gesetz, das das Universum regiert.

Das Gesetz der Gnade bringt sowohl einen Prozess des vertikalen wie des horizontalen Wachstums in Gang. Wir entwickeln die Fähigkeit jedes Hindernis in einen Segen umzuwandeln – eine weitere Sprosse, die es zu betreten gilt, um zur höchsten

Siegesstufe aufzusteigen. Doch diese Umkehrung bedeutet nicht, dass alle Probleme verschwinden und Situationen eine dramatische Veränderung erfahren werden. Die äußeren Umstände werden sich vielleicht nicht ändern, doch ganz gewiss wird es einen Wechsel in unserer inneren Welt geben.

Gnade ist ein ‚unbekanntes Phänomen‘, das aus einer Sphäre stammt, die für uns unerklärbar ist. Für die erfolgreiche Vollendung eines Projektes benötigen wir diesen Aspekt, den man Gnade nennt. Wir haben zum Beispiel eine Vision, aber die Gnade fehlt sie in die Tat umzusetzen. John F. Kennedy stellte seine Vision einen Menschen zum Mond zu schicken und wieder sicher zur Erde zurückzubringen am 25. Mai 1962 vor. Kennedy wusste, dass es im Bereich der Weltraumforschung einen starken Wettbewerb mit anderen Ländern gibt. Er wollte, dass die USA als erstes Land einen Menschen auf den Mond schickt. Doch diese Vision wurde nicht während seiner Zeit als Präsident der USA Realität. Es geschah erst im Jahre 1969 während der Präsidentschaft von Richard Nixon.

John F. Kennedy war vielleicht ein beliebter Präsident. Doch eine unsichtbare Macht entschied – gleichsam hinter dem Vorhang – dass die Ehre, einen Menschen auf den Mond zu schicken und ihn wieder sicher auf die Erde zurückzubringen, Richard Nixon zuteil werden sollte. Es gibt in der Geschichte der Menschheit viele ähnliche Beispiele. Die Dinge geschehen weiter auf diese Weise und so wird es auch in Zukunft sein.

Durch ihre Schwerkraft zieht die Erde alle Dinge an; die Erdanziehungskraft ist ein universales Gesetz. Niemand kann bestreiten, dass alles eine doppelte Natur besitzt: Glück und Kummer, Erfolg und Scheitern, Gewinn und Verlust, Ehre und Schande, Sommer und Winter, Regen und Sonnenschein usw. In vergleichbarer Weise muss es ein inneres Gesetz geben, das uns dabei hilft uns aufzuschwingen und über alle Situationen emporzuheben, um so das äußere Gesetz der Schwerkraft, das alles nach unten zieht, auszugleichen. Dies ist das Gesetz der Gnade. Amma erklärt es so: „So lange das Gewicht des Egos uns niederdrückt, kann uns der Wind der Gnade nicht nach oben tragen."

Ein Teufelskreis (circulus vitiosus) ist mit negativen Emotionen verbunden, der Engelskreis (circulus virtuosus) hingegen mit einem höheren Bewusstsein. Amma hilft Menschen dabei, ihr Bewusstsein von einer niedrigen auf eine höhere Ebene zu heben und formt auf diese Weise eine weltumspannende Kette tugendhafter Menschen.

KAPITEL SECHS

Kleine Korrekturen – große Veränderungen

Es gibt einen schönen Satz von Aristoteles: „Ein jeder kann zornig werden – dies ist überaus einfach; doch der richtigen Person gegenüber zornig zu werden, im rechten Maß, am rechten Ort, zur rechten Zeit und mit dem rechten Zweck, das steht nicht in jedermanns Macht und ist keinesfalls einfach."

In einer auf Geld ausgerichteten und ergebnisorientierten Gesellschaft, die sich durch intensives Verlangen und unerschöpfliche Wünsche kennzeichnet, ist es nur verständlich, dass Aristoteles nicht ernst genommen wird. Dennoch kann kein intelligenter oder besonnener Mensch die philosophische Tiefe, die psychologische Einsicht und das Kleinod spiritueller Wahrheit bestreiten, die in diesen Worten enthalten sind. Wer in der Lage ist die Bedeutung dieser Worte in sich aufzunehmen und sie in die Praxis umzusetzen wird eine große Veränderung in seinem Leben erfahren.

Die Managementkonzepte befinden sich in vielen Ländern theoretisch und praktisch im Wandel. Es ist höchste Zeit für einen solchen Wandel, sonst werden die körperlich, psychisch und intellektuell überlasteten Geschäftsleute bald einen Nervenzusammenbruch erleiden. Viele beklagen, dass ihr Leben mechanisch und monoton geworden sei und jeglicher Spontaneität, Freude und spielerischer Leichtigkeit entbehre.

Meines Erachtens kann die Quintessenz von Aristoteles' Aussage in drei Worten zusammengefasst werden: Aufmerksam sein, beobachten und zuhören. Beobachten und zuhören hängen mit der Aufmerksamkeit zusammen. Ich empfehle nicht, diese Eigenschaften in extremer Weise zu praktizieren, aber bereits ein kleines Ausmaß an Praxis kann einen sehr großen Nutzen mit sich bringen.

Es gibt einen Vers in der Bhagavad Gita, in welchem Krishna zu Arjuna sagt:

Svalpam Apyasya Dharmasya Trayate Mahato Bhayat…

Auch in kleinem Ausmaß kann das Umsetzen spiritueller Wahrheit in die Praxis über große Ängste hinweghelfen.

Wir sammeln viele Selbsthilfe-Informationen aus dem Internet, aus Blogs, Online-Zeitungen, Büchern, Zeitschriften und vielen anderen Quellen und versuchen uns diese anzueignen. Doch was nützen uns all diese Informationen, wenn sie nicht zu einer stabilen Grundlage verhelfen, auf der wir sicher stehen können, um den Herausforderungen des Lebens mit innerer Stärke, Einsicht und gedanklicher Tiefe zu begegnen?

Nicht nur Informationen werden gesammelt. Es gibt Menschen, die dazu neigen alles und jedes zu sammeln, was sie finden können. Es ist eine tief verwurzelte Neigung Dinge zu horten. So sammelt jemand vielleicht auf der Müllhalde die alten ausrangierten Teile eines Motorrades. Hier ein Bremsklotz, dort ein Sitz, ein zerbrochenes Rad, ein Pedal, ein nutzloses Blinklicht, noch eine Bremse von einem Motorrad einer anderen Marke. So fährt der Mensch fort diesen Müll zu sammeln und bewahrt ihn womöglich in seinem einzigen Zimmer auf. Wenn jemand dann fragt: „Wieso sammelst du diesen ganzen Schrott?", kann die Antwort sein:

„Eines Tages werde ich all diese Teile zusammenfügen und mir mein eigenes Motorrad bauen." Dies wird höchstwahrscheinlich nicht geschehen und der Mensch wird vielleicht sterben, ohne seinen Traum je erfüllt zu haben.

Damit möchte ich zum Ausdruck bringen, dass die bloße Ansammlung von Informationen, ohne die Umsetzung in die Praxis, einzig dazu führt, dass sich die Last erhöht, die geistige Leistungsfähigkeit vermindert sowie die Klarheit und die Einsicht unseres Denkens getrübt wird.

Die Worte von Aristoteles beleuchten einen hellen Pfad zu Erfolg, Ruhm und Macht. Sein Rat ist: „Sei zornig gegenüber der rechten Person, im rechten Maße, zur rechten Zeit, mit dem rechten Zweck und auf die rechte Art und Weise..." Sollten nicht sämtliche Führungskräfte, Manager und Direktoren danach streben diese Fähigkeit zu erlangen?

Man sollte sich jedoch darüber im Klaren sein, dass diese Empfehlung eine ‚Beobachterhaltung' voraussetzt, d.h. die Fähigkeit sich von dem gegebenen Projekt zu distanzieren und die Perspektive eines Beobachters einzunehmen. Sobald wir diese unschätzbare Fertigkeit erlernt haben, erkennen wir viele unsichtbare und wichtige Aspekte in unserer Umgebung. Es ist wie das Öffnen einer verschlossenen Truhe, die einen Schatz enthält, oder das Auspacken eines kostbaren Geschenks. In den indischen Schriften wird diese Beobachterhaltung *‚Sakshi Bhava'* genannt. Es ist so, als ob man sich für einige Zeit bewusst auf eine astrale Ebene erheben würde. Dadurch wird das Niveau des Bewusstseins angehoben und man erhält einen klareren Blick auf das, was man tut und was um einen herum vor sich geht.

Was das Hören anbetrifft, geht es nicht nur darum mitzubekommen, was andere sagen, sondern auch darum auf das eigene

Gewissen zu horchen. Unser Gewissen lügt niemals und wird immer ein unersetzlicher Helfer für gute Entscheidungen sein.

Die indischen Schriften sagen: „Höre zu, denke nach und praktiziere." Der erste Schritt ist richtiges Zuhören. Wenn ihr ein Buch lest oder einem Vortrag zuhört, macht euch keine Notizen! Hört einfach zu und nehmt jedes Wort in euch auf. Der zweite Schritt, Nachdenken, ist ein nach-innen-Hören. Nutzt euer Verständnisvermögen zu einer eingehenden Untersuchung dessen, was ihr gehört habt. Diese Selbstschulung bewirkt, dass das Aufgenommene authentisch erfahren und wirklich angeeignet wird. Wer diesem Pfad aufrichtig folgt, öffnet seinen ‚sechsten Sinn', die Intuition. Ein Sucher der Wahrheit kann noch weitergehen und in den Zustand reiner Wonne eingehen.

Albert Einstein sagt: „Der intuitive Geist ist ein heiliges Geschenk und der rationale Geist ist ein ergebener Diener. Wir haben eine Gesellschaft hervorgebracht, die den Diener ehrt und das Geschenk vergessen hat."

Da das Niveau unserer Bewusstheit so niedrig ist, identifizieren wir uns weiter mit der objektiven Welt und vergessen die subjektive Welt vollständig. Wenn also im außen etwas ‚schief läuft', dann läuft es auch in unserem Geist ‚schief'. Wenn die Börse zusammenbricht, brechen auch wir zusammen. Wenn eine Sache scheitert, sind wir am Boden zerstört. Dies beeinträchtigt unser Lebensgefühl und unser gesamtes Denken. Wir identifizieren uns zu sehr mit den Problemen und sehen das große Ganze nicht mehr. Wir verlieren unsere Klarheit und unser Unterscheidungsvermögen.

Um einen genaueren Einblick in das Szenario zu bekommen, müssen wir uns vom Problem distanzieren und es aus der Entfernung betrachten. Um ein Beispiel zu geben, haltet eure Hände dicht vor die Augen und versucht eure Handlinien zu sehen.

Keine Linie wird deutlich zu erkennen sein. Nun haltet sie 45 cm entfernt – alle Linien sind klar zu sehen. Ähnlich verhält es sich mit Situationen und Menschen. Ebenso wie wir die Hände näher oder weiter weghalten, um alle Linien und Markierungen auf den Handflächen zu sehen, ist es notwendig gewisse geistige Anpassungen vorzunehmen – eine Feineinstellung, die alle Details ans Licht bringt und einen tieferen Einblick in die Materie ermöglicht. Sind wir dagegen zu sehr auf unsere eigenen Ideen und Strategien fokussiert, entgeht uns das ganze Bild. Loslösung hilft uns dabei, den verschiedenen Herausforderungen, die das Leben mit sich bringt, auf sinnvolle Weise zu begegnen.

Amma gibt ein Beispiel: „Angenommen ein naher Verwandter eines Nachbarn stirbt. Wir gehen zu ihnen, kondolieren der Familie, zitieren sogar aus den Schriften, dass ‚der Tod unvermeidlich‘ sei. Da wir Beobachter sind, identifizieren wir uns nicht mit dem Problem und können Distanz wahren. Doch wenn dann jemand in unserer Familie stirbt, sind wir nicht mehr fähig, das zu praktizieren, was wir gepredigt haben, wir stehen dem Problem zu nahe; wir sind eins mit ihm. Wir verlieren unseren Mittelpunkt. Es ist wichtig, dass wir einen Weg finden, gleichmütig und losgelöst zu bleiben."

Wir können Situationen oder Menschen nicht verändern, noch können wir die Zukunft kontrollieren. In der äußeren Welt können wir weder wirkliche Befriedigung noch Sicherheit erwarten. Wir haben nur die Option zu lernen, wie wir die innere Welt nutzen können, um uns über eine Situation zu erheben und sie von einem höheren Bewusstsein aus zu betrachten. Das ist die Lehre der Bhagavad Gita. Ich frage mich, ob Peter Drucker auch dieses meinte mit seiner Aussage: „Man kann den Wandel nicht steuern. Man kann ihm nur voraus sein."

Nehmen wir das Beispiel eines indischen Gymnasialschülers, der sich zum Ziel gesetzt hat Arzt zu werden. Er ist einem großen Druck ausgesetzt, die Erwartungen seiner Eltern zu erfüllen. Die Klausuren in der 12. Klasse entscheiden über die ganze Zukunft dieses Kindes. Je nachdem, wie sie ausfallen, kann er Medizin, Ingenieurswesen oder Wirtschaft studieren oder er wählt einen Karriereweg ohne Universitätsstudium. Alle sind dermaßen darauf fixiert gut bei den Klausuren abzuschneiden, dass eine Enttäuschung beinahe unvermeidlich ist. Sich gut auf die Klausur vorzubereiten liegt in der Hand des Schülers, jedoch nicht deren Ausgang. Sowohl der einzelne Schüler als auch die Eltern stehen während dieser Zeit unter einem immensen Druck. Es ist wirklich eine Qual.

Statt sich unter Druck zu fühlen durch die Angst, die Unruhe und den Stress der Sorge um das Ergebnis der Klausur, wäre es einfacher sich auf das zu konzentrieren, was man kontrollieren kann und alles andere außer Acht zu lassen. Handeln findet in der Gegenwart statt. Die Zukunft liegt nicht in unserer Macht. Dies ist eine einfache Wahrheit.

Wenn die Eltern dem Kind dabei helfen, dies zu verstehen, fällt dann nicht die schwere Last der Anspannung fort? Hilft das nicht den Eltern wie dem Kind dabei Energie für die anstehende Aufgabe zu sparen, so dass ein effektiveres Lernen möglich wird? Wenn Eltern und Kind nicht auf den Ausgang fixiert sind, sondern die unsichere Zukunft akzeptieren, fließen die Dinge viel einfacher. Während man mit etwas beschäftigt ist, sollte man versuchen das Ergebnis ganz zu vergessen. Dies ist befreiend und macht uns entspannter und konzentrierter.

Egal welche Tätigkeit wir ausüben oder was wir erreichen wollen – die Beobachterhaltung einzuüben (die Kunst des nicht-Anhaftens) ist in jedem Fall von Nutzen. Die Fähigkeiten des

Managers verbessern sich und die Produktivität der Firma steigt. Man kann auch die Angestellten dazu ermutigen diese Methode anzuwenden. G.K. Chesterton sagte: „Engel können fliegen, weil sie sich selbst leicht nehmen." Damit man sich zu neuen Höhen emporschwingen kann, sollte man um leichter zu werden, das Gewicht des Egos und die Last unnötigen Verhaftetseins reduzieren.

In einer konfliktbehafteten Situation ist die ‚Beobachterhaltung' von großem Nutzen. Dies lernte ich vor Jahren von Amma und ich weiß, dass wir nur im Publikum sitzen und dem unglaublichen, komplexen Drama des menschlichen Daseins zuschauen. Gelegentlich mögen wir auf die Bühne gehen, doch unsere Rolle ist auf unserem Sitz zu bleiben und zu beobachten was vor sich geht. Wenn wir uns diese Beobachterhaltung angewöhnen, sind wir in der Lage die interessanten Punkte zu erkennen und werden fähig verschiedene Perspektiven einzunehmen. Dadurch erst können wir umfassend denken.

Ich hörte Amma einmal sagen: „Wenn man einen ertrinkenden Menschen retten möchte, muss man eine sichere Distanz zu ihm wahren, während man ihn an den Haaren aus dem Wasser zieht. Andernfalls würde der Ertrinkende den Retter ebenfalls mit in die Tiefe ziehen und beide würden ertrinken."

Wenn wir nicht auf das Ergebnis fokussiert sind, erhöht sich die Wahrscheinlichkeit eines Erfolges. Wenn wir ein gewisses Maß an Nicht-Verhaftetsein bei der Erfüllung unserer Pflichten entwickeln, hilft uns das wachsam und bewusst zu bleiben. Um Amma zu zitieren: „Ein Vogel, der auf einem trockenen Zweig sitzt, mag pfeifen, fressen oder sogar schlafen, doch er wird jederzeit bereit sein davon zu fliegen. Selbst beim leisesten Windhauch schlägt er mit den Flügeln und bereitet sich auf den Abflug vor, denn er weiß, dass der trockene Zweig jeden Moment brechen könnte." Was die Beobachterhaltung anbetrifft, könnte an dieser Stelle eine Geschichte hilfreich sein. Der französischer Regisseur Jan Kounen drehte einen Dokumentarfilm über Amma: Darshan – die Umarmung. Der Film wurde 2004 auf den Filmfestivalen in Cannes vorgestellt; die Vorführung war am 18. Mai. Sie wollten Amma dabei haben, doch sie wollte ihre bereits fest geplanten Tourprogramme nicht absagen, so dass sie die Einladung höflich ausschlug. Stattdessen bat sie mich, sie zu repräsentieren. So fuhr ich als ihr Gesandter nach Cannes.

Bei meinem Aufenthalt musste ich mich mit vielen Leuten aus der Filmindustrie treffen und mit ihnen sprechen. Während ich mit meinen neuen Freunden aus der Welt der Film-Bruderschaft Umgang pflegte und mehrere Partys besuchte, zwei davon auf Luxusjachten, andere in Fünf-Sterne-Hotels, behielt ich dennoch die ganze Zeit die Haltung eines Beobachters bei.

Als ich zurückkehrte, waren alle neugierig und viele fragten: „Erzähle, wie war es auf dem roten Teppich, wie hat es sich angefühlt dort mit dabei zu sein?" Natürlich dachten sie, ich als *Sannyasi* (Mönch) hätte mich sehr fremd gefühlt. Doch ich sagte ihnen: „Ich war nur ein Bote. Ich war da und ich nahm teil. Es war eine Verantwortung, die mir Amma als meine Chefin übertragen hatte. Ich hatte sie mit aller Aufrichtigkeit und Liebe zu erfüllen, und genau das tat ich. Doch da ich mir meiner ‚Gesandtenrolle' vollständig bewusst war, konnte ich die ganze Zeit über ein Zuschauer bleiben."

Wenn man gebeten wird seinen Part zu übernehmen hat man sein Bestes zu geben, ohne sich mit der Rolle zu identifizieren. Ich musste auch eine dreiminütige Rede über Amma und ihre karitativen Projekte halten und dies vor einem Publikum, das keinerlei vorherige Kenntnis von Amma besaß. Ich hatte auch keine Vorstellung von ihren möglichen spirituellen Neigungen. Vielleicht war es das erste Mal in der Geschichte des Filmfestivals von Cannes, dass ein Hindu-Mönch anwesend war, um einen Film vorzustellen und die ‚Heldin' zu repräsentieren.

Es waren Leute aus aller Welt da. Die meisten von ihnen waren entweder aus der Filmindustrie, begeisterte Cineasten oder sie waren gekommen, um die Filmstars zu sehen. Ich war in einer schwierigen Lage und dachte bei mir: „Wie kann ich Amma auf angemessene Weise vorstellen? Über Gottesliebe, Hingabe oder ähnliches zu sprechen ist natürlich vollkommen unangebracht. Wie kann ich das Publikum dazu bringen sich auf das Ganze einzulassen?"

Meine größte Befürchtung war, dass das Fachpublikum bei meinem Erscheinen als orange gekleideter Mönch in Vertretung der ‚Heldin' sich mit Vorurteilen gegenüber dem ganzen Film verschließen würde. Das könnte tatsächlich passieren, wenn man nicht auf der Hut ist. Für ein paar Augenblicke schloss ich kontemplativ die Augen. Plötzlich dämmerte mir etwas. Während meiner Schulzeit und später im College war es immer mein Wunsch gewesen Schauspieler und Sänger zu werden. Um ehrlich zu sein, das war die Priorität in meinem Leben. Ich stand also vor dem voll besetzten Auditorium und sprach: „Liebe Brüder und Schwestern, bevor ich vor 26 Jahren Mönch wurde, bestand mein Lebensziel darin Schauspieler zu werden. Doch dann geschah etwas und das brachte mich zu meiner Lehrerin Mata Amritanandamayi, die mittlerweile überall auf der Welt als Amma bekannt ist."

In dem Augenblick, da ich diese Worte sprach, entstand eine Verbindung. Die Menge lachte und applaudierte. Das gab mir Zuversicht und ich fuhr fort: „Es ist mir eine große Freude hier vor Ihnen, die sie überaus kreative Geister sind, zu stehen und Amma zu repräsentieren. Liebe Freunde, durch ihre Kunst besitzen Sie die Fähigkeit, Menschen in aller Welt zu beeinflussen und zu verändern. Auch Amma verwandelt das Leben der Menschen durch ihre einfachen und dennoch tiefgründigen Handlungen der Liebe und des Mitgefühls." Hier waren es nicht logisches Denken oder eine Analyse, die ich benötigte. Es war die Besinnung, das Nicht-Verhaftetsein, die Gesandtenrolle, die mir halfen.

Die Vorführung lief gut. Wir hatten ein volles Haus und ich glaube die Leute mochten den Film. Ein Schauspieler zu sein war mein Lebenstraum gewesen bevor ich Amma traf. Trotzdem war ich weder in Hochstimmung angesichts der Reaktion des Publikums, noch bedauerte ich es, dass sich die Schauspielkunst in meinem Leben nicht verwirklicht hatte. Ich glaube, dass der Pfad, den ich schließlich gewählt habe oder mit dem ich beschenkt wurde, über allen anderen Wegen steht. Doch hier war ein lang gehegter, intensiver Wunsch für kurze Zeit in Erfüllung gegangen. Beim Filmfestival in Cannes teilzunehmen ist eine große Ehre, ein denkwürdiger Augenblick für jede Person in der Filmindustrie. Es ist für viele ein Traum. Angenommen, die Verwandlung, die mich auf meinen gegenwärtigen Pfad brachte, wäre nicht geschehen, so wäre ich außerordentlich aufgeregt gewesen und hätte dies als einen der großen Augenblicke meines Lebens betrachtet. Früher hätte es mich vielleicht aus der Bahn geworfen, doch nun fühlte ich mich innerlich distanziert und losgelöst. Nun war ich lediglich ein Botschafter, der eine besondere Aufgabe zu erfüllen hatte.

Starke emotionale Zustände gefährden unseren Erfolg. Es ist also wichtig, eine mentale Distanz beizubehalten. Es war die Fähigkeit beiseite zu treten und die neuartige Erfahrung zu beobachten, die mir dabei half, die Partys und das Festival in einer ruhigen, ausgeglichenen und entspannten Weise durchzustehen und angemessen zu reagieren. Vor allem aber galt: Obwohl ich mich in einer Welt von Menschen befand, deren Gesprächsthemen nichts mit meinem gegenwärtigen Leben zu tun hatten, verhielt ich mich angemessen und konnte mein inneres Potenzial maximal nutzen.

Vielleicht war diese Erfahrung von einer unsichtbaren Macht kreiert worden, um tief sitzende karmische Restbestände in mir zum Verschwinden zu bringen, so dass mein weiterer Weg ebener verlaufen würde. Der wichtigste Punkt war, dass meine veränderte Wahrnehmung es leichter für mich machte, die ganze Angelegenheit in einem positiven Licht zu sehen – und das Ergebnis davon war der Erfolg.

Die Botschafterhaltung verleiht uns die innere Fähigkeit, Dinge aus einer sicheren Distanz zu betrachten und dadurch gewinnen wir ein besseres Verständnis für die Situation. Sowohl Einsicht als auch Genauigkeit sind erhöht und steigern das Niveau unserer Leistung. Wenn sich diese innere Fähigkeit vertieft, erlangen wir eine neue Stärke die niederen Gefühle zu überwinden. Wir werden zum Meister und unser Geist und unsere Gefühle sind die Diener. Dann können uns verführerische äußere Umstände nicht mehr beeinflussen. Als Führungspersönlichkeit gewinnen wir größere Vitalität, Stabilität und größeren Durchblick. Die Fähigkeit uns anzupassen und mit allen Arten von Situationen und Erfahrungen umzugehen steigt beträchtlich. Wenn wir inmitten aller Vorfälle gelassen bleiben, verbessert sich das Denken und die Fähigkeit Entscheidungen zu treffen und durchzuführen. Die Haltung des Bebachters verschafft uns automatisch mehr Erfolg.

Ein Gesichtspunkt, der besondere Erwähnung verdient, ist Ammas enorme Fähigkeit sich jede Situation unparteiisch anzusehen und sie mit einer Haltung völliger Losgelöstheit zu bewerten.

Die meisten Menschen glauben Loslösung sei schädlich. Viele, die ein normales Leben führen, glauben, dass ihre Anhaftungen ihnen Freude bringen, obwohl eine solche sie nur selten glücklich macht. Umgekehrt macht Ammas Schnelligkeit und Leichtigkeit, mit der sie sich von einer Rolle zur nächsten bewegt, ihre Persönlichkeit so machtvoll, attraktiv und inspirierend. Im Prozess des Rollentausches vergisst sie sofort den vorhergehenden Augenblick sowie die Rolle, die sie gerade eben noch innehatte, und sie ist ganz auf den aktuellen Moment konzentriert. Nichts vermag ihr ruhiges und ausgeglichenes Wesen zu stören, wenn sie mit ihren Mitarbeitern kommuniziert und ihnen Anweisungen erteilt. Man wird bei Amma niemals erleben, dass sie sich bei der Beurteilung einer Situation oder eines Menschen von Vorurteilen leiten lässt. Selbst wenn man sie manchmal streng erleben kann, beeinflusst diese Empfindung oder Stimmung ihr inneres Wesen nicht und sie bewegt sich leicht und mühelos aus ihr heraus. Amma trifft ihre Entscheidungen rasch und ihre Anweisungen zur Durchführung sind bis ins Detail genau.

KAPITEL SIEBEN

Wie Nadel und Schere

In einem Artikel, der in *Mail Online*, erschien, schreibt Amanda Williams: „Große Führungsnaturen werden geboren, nicht geschaffen, ihr Gehirn ist anders vernetzt', sagen die Wissenschaftler." Der Artikel fährt fort: „Untersuchungen einer führenden Militärakademie behaupten, die Debatte, ob es Erbanlage oder Umwelt sei, wodurch Größe entstehe, sei beendet, nachdem man herausgefunden hat, dass die Fähigsten wirklich eine eigene Art darstellen und ein Gehirn besitzen, das anders verdrahtet ist als das der Allermeisten. Die Entdeckung könnte eine revolutionäre Auswirkung haben auf die Art und Weise, wie Organisationen Führungspersönlichkeiten finden und ausbilden, indem man Hirntomographien benutzt, um diejenigen, die ,Führungs-Gene' besitzen, frühzeitig zu identifizieren und entsprechend zu schulen. Es scheint, die Erfolgreichen besitzen mehr graue Masse an den Stellen, die Entscheidungsstärke und Erinnerungsvermögen kontrollieren und dies gibt ihnen den lebendigen Schneid, wenn es darum geht das richtige Telefonat zu führen.

Diese Leute an der Spitze der ,Führungsglockenkurve' sind von Anfang an gut im Rennen und werden im Laufe der Zeit sogar noch besser. Dann gibt es die 10-15 % von Leuten am Ende der Kurve, die nie zu guten Führungskräften werden, wie sehr sie sich auch anstrengen. Sie haben einfach nicht die richtige Verdrahtung. Doch da gibt es noch die große Mitte der Kurve, wo sich die meisten von uns befinden. Und hier liegt das wahre

Potenzial für ‚gemachte‘ Führungspersönlichkeiten. Es ist das, wovon die meisten meiner Interviewpartner behaupten, es sei nicht wahr – obwohl es tatsächlich sehr wohl wahr ist: Die meisten Leute, die mit einem Minimum angeborener Führungsqualitäten beginnen, können wirklich zu sehr guten, ja sogar zu großartigen Führungspersönlichkeiten werden."

Zur Erklärung: Die Glockenkurve – eine spezielle Kurve, die die Form einer Glocke hat – bezieht sich auf die Gauss‘sche oder Normalverteilung. Verglichen mit dem oberen, bzw. unteren Teil ist die Kurve in der Mitte größer, was sie wie eine Glocke aussehen lässt. Man sagt, dass Fachkurse ‚gemäß der Kurve‘ benotet werden, was bedeutet, dass Studenten mit der Bewertung A+ nur einen kleinen Prozentsatz ausmachen. Sie befinden sich an der Spitze der Kurve. Bewertung A, Nummer zwei in der Kurve, zeigt ein leichtes Ansteigen des Prozentsatzes. Die große Masse, die die Bewertung C erreichen, befindet sich in der Mitte der Glockenkurve. Schließlich gibt es jedoch leider auch einen gewissen Prozentsatz an Leuten, die zum Scheitern verurteilt sind – sie fallen in den untersten Bereich der Glocke und erhalten die Bewertung F. Wenn man dies in der Form eines Diagramms darstellt, ergibt die Gesamtstruktur die Form einer wohlgeformten Glocke.

Während man über die Effizienz geborener Führungspersönlichkeiten gegenüber den ‚gemachten‘ diskutiert, wäre es unfair, man würde eine dritte Kategorie vergessen: Die als göttliche Führer bekannten. Selbst nach tausenden von Jahren erinnert man sich dieser seltenen und phänomenalen Klasse von Führungspersönlichkeiten, die von Millionen Menschen auf der ganzen Welt verehrt und angebetet werden. Die überragende Stellung dieser Führungsgruppe übersteigt unsere Begriffe, derart ist die Macht, der Einfluss und der Eindruck, den sie im Herzen der Menschheit hinterlassen haben. Wir können nur staunen, wenn wir auf ihre transformierende und inspirierende Wirkung schauen, auf ihr unbeschreibliches Werk, ihre bedingungslose Liebe und ihr Mitgefühl für die gesamte Menschheit und alle anderen Lebensformen, auf die Macht ihrer Worte und die große Anziehungskraft. Man schätzt und erinnert sich an sie als Helden und Heldinnen, als perfekte Vorbilder in allen Lebensbereichen. Die riesige Zahl der Anhänger und Verehrer, die diese Führer haben, ist ohnegleichen. Kein Parteiführer, keine Berühmtheit oder bekannte Persönlichkeiten der Vergangenheit, Gegenwart oder Zukunft haben so viel Gefolgschaft.

Amma sagt: „Der Intellekt oder die Logik gleichen den zwei Schneiden einer Schere und das Herz ist wie eine Nadel. Der Intellekt schneidet alles in Stücke und das Herz näht alles wieder zusammen. Es reicht nicht aus, einen Stoff auf die richtige Größe zuzuschneiden. Man muss die einzelnen Stücke auch zusammennähen und Kleider daraus machen, die man dann tragen kann. Tatsächlich brauchen wir sowohl den Intellekt als auch das Herz – den Intellekt, um zu denken und das Herz, um die Gedanken in eine zusammenhängende Form zu bringen. Nur zusammen können sie unser Leben umfassen und unterstützen. Andernfalls bleibt das Leben ein Stückwerk, zwar nützlich, doch ebenso schädlich."

Da wir Logik und analytischem Denken den Vorrang geben, ist es schwierig, eine Führungspersönlichkeit von Ammas Kaliber zu verstehen. Wir vergessen, dass das Leben selbst von Natur aus nicht logisch ist.

Es scheint, unsere Welt befindet sich in der Umklammerung des ‚Tausendfüßler-Syndroms'. Das folgende kurze Gedicht beschreibt auf wunderbare Weise den Zustand der Menschheit:

Ein Tausendfüßler war ziemlich froh,
Bis einst eine Kröte, einfach so
Zum Spaß ihn fragte: „Ei, schau her –
Welcher Fuß läuft hinter welchem her?"-
Das ließ ihn zweifeln gar so sehr,
Dass er erschöpft in eine Grube fiel -
Fürs Laufen fehlt' ihm fortan das Gefühl.

Der Autor dieser Version des Gedichtes ist unbekannt. Doch
gibt es eine *Aesopische Fabel,* in welcher die Kröte durch einen
Hasen ersetzt ist. In Bezugnahme auf dieses Gedicht schrieb der
englische Psychologe George Humphrey (1889–1966): „Dies
ist ein psychologisch äußerst profunder Reim. Er enthält eine
Wahrheit, die tagtäglich von uns allen unter Beweis gestellt wird."
Wer immer man auch ist und was immer man tut, es ist einfach
eine Narrheit, sich allein auf Logik und Intellekt zu verlassen,
wenn man das Leben voll leben will. Logik hat zweifellos ihren
Platz und das gilt auch für das Unbekannte. Eine intellektuell
ausgerichtete Person mit einer starken Neigung alles logisch zu
analysieren, wird nicht fähig sein jemandem zu helfen, der sich
in solch einer tragischen Notlage befindet wie der Tausendfüßler.
Eine weitergehende Interpretation des Gedichtes zeigt auf, dass
wir Menschen uns in einem vergleichbaren Dilemma befinden.
Der einzige Unterschied ist, dass wir keinen anderen Menschen
brauchen, der die Frage stellt. Unser eigener Geist bietet uns
Fragen und Antworten, um auf diese Weise einen Monolog in
Gang zu setzen. Das Problem dabei ist, dass der Geist die meiste
Zeit über nicht die richtigen Fragen weiß, so dass die Antworten notgedrungen falsch sind und somit unser Weiterkommen
behindern.

Wir brauchen zweifellos Regeln, um unser Leben auf eine
geordnete Weise zu gestalten und unsere alltäglichen Aktivitäten

zu kontrollieren. Wir sollten auch verstehen, dass das Leben selbst nicht auf Mathematik oder Berechnung basiert. Der Geist hat zwei Seiten, eine ist mechanisch, die andere natürlich. In anderen Worten, ein Teil handelt wie eine Maschine und der andere Teil ist spontan. Daher müssen wir der Logik sowie dem geheimnisvollen Aspekt des Lebens Bedeutung zumessen. Andernfalls wird nach außen alles methodisch wirken, während es im Innern ein Ungleichgewicht gibt.

Wenn wir etwas immer wieder tun, wird es zur Routine und ein Mangel an Bewusstheit umhüllt das Ausführen der Handlung; sie wird mechanisch. Tatsächlich mögen es die meisten Leute Dinge mechanisch zu tun, denn es nimmt ihnen zu einem gewissen Grad die Last des Denkens ab. Alltägliche Verrichtungen wie etwa Zähneputzen, Duschen, Essen, das allermeiste Sprechen und auch das sogenannte Zuhören sind mechanisch. Vielleicht ist der mechanische Teil des Geistes nötig, um bestimmte Arbeiten zu erledigen. Doch sollten wir nicht zulassen, dass dieser Teil des Geistes uns dominiert. Wie Amma es formuliert: „In der modernen Welt wird dem Individuum nicht die Bedeutung zuerkannt, die es besitzen sollte. Nur Fertigkeiten werden geschätzt. Menschliche Wesen werden herabgewürdigt und erhalten den Status bloßer Maschinen." Im Gegensatz dazu ist der spontane Teil des Geistes reine und kristallklare Energie. Er steht dem Ganzen näher. Haben wir einmal die Verbindung zu diesem Teil des Geistes hergestellt, fungiert er in vielen Lebenssituationen als ein ‚Retter', nicht bloß im persönlichen und familiären Bereich, sondern auch im Berufsleben.

Ob es sich um die Familie oder den eigenen Arbeitsplatz handelt – eine der wichtigsten Charakterzüge einer guten Führungskraft ist die Fähigkeit in allen Situationen unter die Oberfläche zu blicken. Mit anderen Worten, wir sollten ein spezielles

Talent entwickeln und mit Bewusstheit vom mechanischen zum spontanen Teil des Geistes hinüberwechseln, wann immer es angemessen ist. Der Unterschied zwischen der Art und Weise, wie das Mechanische einerseits und das Spontane andererseits funktionieren, ist zu vergleichen mit dem gewaltsamen Öffnen einer Blüte einerseits und dem Zulassen der natürlichen Entfaltung. Amma sagt: „Wenn wir versuchen, eine Blütenknospe gewaltsam zu öffnen, gehen ihre Schönheit und ihr Duft verloren. Wir zerstören die Blume. Erlauben wir der Blume hingegen, auf natürliche Weise aufzublühen, offenbaren sich Duft und Schönheit in ihrer ganzen Fülle."

Die Entfaltung des Lebens geschieht nur, wenn wir die logischen und geheimnisvollen Aspekte zu gleichen Teilen miteinander kombinieren. Das Problem besteht darin, dass wir vergessen, uns in unser Herz zurücksinken zu lassen, wenn wir uns im Kopf festgefahren haben.

Lasst uns Übung darin erlangen, sowohl unseren Kopf als auch unser Herz zu benutzen. Sie sind wie unsere Beine. Man betrachtet sie als gleichwertig und benutzt sie, ohne sich zu sehr auf eine Seite zu lehnen. Es wird uns verkrüppeln, wenn wir denken: ‚Das rechte Bein ist wichtiger als das linke oder umgekehrt.' Wenn man logisch sein will, sollte man es vollständig sein und wenn man im Herzen sein will, dann sollte man absolut dort sein. Dies heißt, von Augenblick zu Augenblick – ganz in der Gegenwart – zu leben.

Doch wir leben in einer Welt, in der die Menschen sogar Angst haben zu lächeln oder anderen gegenüber ein liebevolles Wort auszusprechen, da alles in Geldwert gerechnet wird. Der Hintergedanke ist, dass mich jemand, wenn ich mir seine Probleme anhöre, ihm zulächle oder ein Wort des Trostes an ihn richte, am Ende um finanzielle Hilfe bitten wird.

Es gibt durchaus Menschen, die anderen helfen, wenn sie darum gebeten werden, doch die meisten sind nicht bereit spontan ihre Hand auszustrecken. Eine echte Führungspersönlichkeit ist jemand, der seine Hand den Notleidenden entgegenstreckt, ohne zu zögern oder die Logik dessen in Frage zu stellen, sondern der aus der Fülle seines Herzens liebevoll und mitfühlend handelt. Folgendes Beispiel zeigt, wie Amma eher ihrem Herzen folgt als den Gesetzen der Logik. Es war das Jahr 1989. Wir hatten uns mit dem Gedanken getragen, die erste Gebetshalle auf dem Gelände zu errichten. Ein lang gehegter Traum schien auf dem besten Wege Wirklichkeit zu werden.

In Kollam hatten die Verwalter eines Waisenhauses lange Jahre für die Kinder gekämpft, die ihrer Fürsorge anvertraut waren, doch nun waren sie am Ende. Ihre Geldmittel waren erschöpft, es drohte die Situation, dass sie die Waisen und die wirtschaftlich benachteiligten Kinder wieder auf die Straße setzen müssten. Als sie damit begannen, diese schmerzliche und eigentlich undenkbare Maßnahme in die Wege zu leiten, schlug jemand vor, sich an Amma zu wenden und ihr die verzweifelte Lage zu schildern.

So kamen sie also zu ihr und beschrieben ihr die prekäre Situation. Als Amma hörte, wie ausweglos die Lage war, entschied sie sofort, dass die Geldmittel, die für den Tempelbau ihres spirituellen Zentrums gespendet worden waren – das erste richtige Gebäude überhaupt – verwendet werden sollten, um die Verantwortung für das Waisenhaus zu übernehmen. Indem sie dies tat, legte sie den Grundstein für eine andere Art von Tempel – für einen Tempel des Mitgefühls.

Amma hätte durchaus der Meinung sein können, ein Tempel sei wichtiger als die Übernahme eines hoch verschuldeten Waisenhauses. Außerdem hängen die Menschen in Indien sehr an

Tempeln. Wenn sie für den Bau eines Tempels spenden, möchten sie das Geld auch für diesen Zweck verwendet sehen. Wäre Amma in ihrer Entscheidung der Logik und dem Kalkül gefolgt, hätte sie sich damit rechtfertigen können, dass der Tempel seit langem überfällig war und dass die gespendeten Gelder für diesen Zweck bestimmt waren. Stattdessen traf sie die Entscheidung mit dem Herzen und stellte die Gelder statt für den Tempelbau dem Waisenhaus zur Verfügung.

Heute existiert das Waisenhaus immer noch, doch es ist nicht mehr wiederzuerkennen, seit Amma die Verantwortung für die Gebäude, das Gelände und die Kinder übernahm. Als Ammas freiwillige Helfer seinerzeit dort ankamen, waren die Kinder aufgrund der verzweifelten finanziellen Lage der Verwaltung extrem verwahrlost und unterernährt und die Gebäude waren in einem beklagenswerten Zustand. Es gab sogar Schilderungen, wonach die Kinder strafbare Taten wie Diebstahl begingen und von antisozialen Elementen in der Umgebung für deren selbstsüchtige Interessen ausgenutzt wurden.

Im Gegensatz dazu lernen und spielen die Kinder nun im sicheren, geschützten Schulgelände. Die Einrichtung entwickelte sich zwischenzeitlich zu einer sehr wettbewerbsfähigen Schule, die Kinder zeichnen sich aus im Bereich von Musik, Sport, Tanz wie auch in den konventionellen Fächern. Bei lokalen und landesweiten kulturellen Wettbewerben gewinnen sie oft den ersten Preis. Ammas Organisation stellt auch sicher, dass die Kinder in ihrer Schulzeit eine starke Herzenskultur entwickeln. Mehr als 35 % der Kinder setzen ihre Ausbildung an der Universität fort, wobei unsere NRO sämtliche Kosten trägt.

Booker T. Washington sagt: „Der Erfolg im Leben gründet mehr in der Aufmerksamkeit für kleine als für große Dinge. Es

sind die Dinge des Alltags, die uns näher stehen als die fernlie-
genden und ungewöhnlichen."

Es gibt eine wunderbare Geschichte über den berühmten
britischen Schriftsteller, Dichter, Erzähler von Kurzgeschichten
und Romancier (Joseph) Rudyard Kipling. Einst kaufte er ein
Bauernhaus, das auf einem Hügel stand. Er und seine Frau pfleg-
ten dort ihre Ferien zu verbringen und vom geschäftigen Leben
in der Großstadt auszuspannen. Eines Morgens, als das Paar sich
auf einem Spaziergang befand, trafen sie eine alte Frau, die ganz
gebückt ging und sich mit Hilfe eines Krückstocks humpelnd
fortbewegte. Sie genoss die frische Luft und die Morgensonne.
Als sie Kipling und seine Frau erblickte, fragte sie: „Sind sie
diejenigen, die das Bauernhaus auf dem Hügel gekauft haben?"

Kipling zog höflich seinen Hut und antwortete: „Ja, Madam."

„Wohnen Sie im Augenblick da?", fragte die alte Dame mit
zitternder Stimme.

Diesmal antwortete Kipling: „Ja, Großmutter."

„Dann muss es Ihr Fenster sein, das nachts so hell leuchtet",
sagte die Frau.

„Oh ja!"

„Danke! Vielen Dank!", entfuhr es der alten Dame. „Sie
wissen nicht – Sie können sich nicht vorstellen – was für ein
Trost die beleuchteten Fenster für mich sind! Wissen Sie, ich bin
alt und einsam." Sie fuhr fort: „Die hellen Fenster machen mich
glücklich und heiter."

„Das freut mich sehr", sagte Mr. Kipling warmherzig, „Sie
geben uns das Gefühl, in Ihrer Nachbarschaft erwünscht und
willkommen zu sein."

„Ich hoffe, sie werden eine lange Zeit hier bleiben", sagte die
Frau besorgt, „und ich hoffe wirklich, Sie werden öfter hierher
kommen."

„Das hoffen wir auch, Madam", sagte Kipling.

„Gut", sagte die Frau erfreut. „Lassen Sie diese Lichter brennen – sie bedeuten mir sehr viel!"

„Das versprechen wir", sagte der angesehene Schriftsteller.

Ein paar Tage später, als das fürsorgliche Paar nach seinem kurzen Urlaub das Haus verließ, wiesen sie den Hausmeister an, die Vorhänge von den Fenstern zu entfernen und die Lichter nachts brennen zu lassen, jede Nacht.

Amma sagt: „Kleine Taten der Liebe, ein freundliches Wort, eine kleine mitfühlende Handlung, alle dies bewirkt einen Wandel in euch selbst und in den anderen."

Fangen wir also mit kleinen Handlungen der Liebe und Freundlichkeit an.

Chanakya, Professor für Wirtschafts- und Politikwissenschaft an der antiken Takshashila-Universität und Autor der politischen Abhandlung *Arthashastra* (Ökonomie), sagt: „Blumenduft verbreitet sich nur in Richtung des Windes, doch die Güte eines Menschen verbreitet sich in alle Richtungen."

KAPITEL ACHT

Strömen wie ein Fluss

Wenn jemand Amma fragt, ob die große Zahl von Menschen, die sie umgeben, ihre Anhänger oder ihre Schüler seien, antwortet sie: „Hier gibt es nur eine Mutter mit ihren Kindern, keinen Guru und keine Schüler."

Die Beziehung zwischen Mutter und Kind ist die einzige gegenseitige Liebe; sie gleicht einem Kreis. Unaufhörlich fließt und verbindet sie.

Dieses persönliche Band, das Amma in den Herzen der Menschen erzeugt, ist das Geheimnis ihres Erfolges. Unter den Menschen ist die Verbindung zwischen Mutter und Kind die engste und machtvollste Beziehung. Die Liebe, Freiheit, Demut und Einheit, die wir in Gegenwart unserer Mutter empfinden, bewirkt die spontanste und natürlichste Beziehung, die man sich nur vorstellen kann.

Amma vergleicht sich oftmals mit einem Strom und seinem Fließen. Sie sagt: „Ich bin wie ein Fluss. Einige Leute baden darin, andere waschen ihre Kleider. Es gibt Menschen, die den Fluss verehren, aber auch solche, die hineinspucken. Doch der Fluss selbst akzeptiert alle, weist niemanden zurück. Er strömt einfach stetig dahin."

Wenn man seine Wertschätzung für den Dienst eines Babysitters oder einer Hausangestellten zum Ausdruck bringt, werden sie sie bereitwillig akzeptieren. Eine Mutter hingegen, sofern sie die Mutterschaft als etwas Großes und als ein kostbares Gottesgeschenk sieht, wird sagen: „Ich habe nicht genug für mein

Kind getan. Es gibt noch viele Dinge, die ich für mein Kleines tun kann." Ein Mutterherz sehnt sich danach, immer mehr für ihr Kind zu tun. Wenn eine Mutter hingegen mit der Liebe und Aufmerksamkeit prahlt, die sie ihrem Kind geschenkt habe und von Opfern spricht, die sie im Laufe der Erziehung bringen musste, unterscheidet sie sich in nichts von einem Hausmädchen oder einem Babysitter, die etwas erwarten. Mit anderen Worten, die Betreuung und Fürsorge haben hier ihren Preis, während eine Mutter nichts erwartet, denkt sie doch immer nur daran, wie viel mehr sie für ihr Kind hätte tun können.

Amma erzählt die Geschichte eines kleinen Mädchens, das ins Krankenhaus musste. An ihrem Entlassungstag sagte sie zu ihrem Vater: „Die Krankenschwestern waren so lieb und nett zu mir, selbst die Pfleger. Manchmal hatte ich das Gefühl, sie liebten mich mehr als du und Mama." Dann bekam der Vater die Rechnung überreicht und das Mädchen fragte neugierig: „Was ist das?" Der Vater antwortete: „Das ist die Rechnung, sie zeigt die Kosten all der Liebe, mit der sie dich überhäuft haben."

Om Saha Nau-Avatu|
Saha Nau Bhunaktu |
Saha Viiryam Karava-Avahai |
Tejasvi Nau-Adhii-Tam-Astu Maa Vidviss-Aavahai |
Om Shaantihi Shaantihi Shaantihi |

Dies ist ein populäres Friedens-Mantra aus den Upanishaden. Es bedeutet:

Om, Möge Gott uns beide (den Lehrer und den Schüler) schützen,
Möge Gott uns beide ernähren,
Mögen wir mit Energie und Elan zusammenarbeiten,

Mögen unsere Studien erleuchtend sein und keine Feindse-
ligkeit wecken,
Om, Friede, Friede, Friede.

Dieses Mantra wird normalerweise vor einem religiösen Vortrag
oder zum Beginn des Unterrichts über die Schriften rezitiert.
Im Kern spricht das Mantra von Einssein und Demut; dies war
immer ein wesentlicher Bestandteil des Gurukula-Systems im
alten Indien. Obwohl es heutzutage nicht mehr verbreitet ist,
existiert das System noch in stark modifizierter Form in einigen
Teilen des Landes.

Im alten Indien befanden sich die meisten Gurukulas an
friedvollen, abgelegenen Orten, wo die Natur alles in Hülle
und Fülle bereitstellte. Viele der Lehrer und Meister jener Tage
waren verheiratet, doch sie verfügten über einen hohen Bewusstseinszustand und große Reife. Ihre Weisheit und ihr Mitgefühl
waren grenzenlos. Sie waren enorm erfahren und bewandert in
allen wissenschaftlichen und philosophischen Disziplinen. Die
Meister hatten den Status der Vollkommenheit und Zufriedenheit
erreicht, sie besaßen kein Ego mehr. Aus diesem Grunde ist das
Wort ‚beide‘ in dem Gebet sehr bemerkenswert. Obwohl diese
damaligen Meister nichts zu gewinnen oder zu verlieren hatten,
blieben sie doch bescheiden und sorgten dafür, dass die Schüler
sich bei ihnen ganz zu Hause fühlen konnten. Es exisitierte eine
Atmosphäre, die auf der folgenden Botschaft beruhte: „Es gibt
zwischen uns keinerlei Unterschied. Im Angesicht Gottes sind wir
eins." Diese einfache und dennoch profunde Lektion in ‚Demut
und Einheit‘ halfen den Schülern dabei, eine Verbundenheit mit
dem Meister zu entwickeln. Es befähigte sie, sich dem Meister
vollständig zu öffnen und seinen Worten mit einem empfängli-
chen Geist und Herzen zuzuhören. Auf diese Weise – ohne Lap-
top, iPad, Tablet, Handy oder nur Lehrbücher oder Schulhefte

– lehrten die Meister und die Schüler lernten, denn es handelte sich um eine Kommunikation von Herz zu Herz: Vom Herzen des Lehrers in das Herz des Schülers. Die machtvollste Art des Lehrens geschah durch das Beispiel. Mit Demut und Liebe als Leitstern, mit Geist und Herz, Hand in Hand – so arbeiteten Lehrer und Schüler in einem Gefühl des Einsseins zusammen.

„Ich habe drei kostbare Dinge, die ich festhalte und rühme: Das erste ist Güte; das zweite ist Großzügigkeit; das dritte ist Bescheidenheit, welche mich daran hindert, mich vor andere zu setzen. Sei gütig und du vermagst kühn zu sein; sei großzügig und du kannst freisinnig sein; vermeide, dich vor andere zu setzen und du kannst ein Führer unter den Menschen sein."

—Lao Tse

Ob es sich um ein Familienoberhaupt, den Chef einer Organisation oder auch einen Landesvater handelt: Wer Fürsorglichkeit, Bescheidenheit und die Neigung, die eigenen Interessen und Annehmlichkeiten zugunsten der Bedürfnisse anderer zu opfern, pflegt, verfügt über die Charaktereigenschaften, die ihn unvergleichlich machen. An einen solchen Menschen wird man sich erinnern, man verehrt und liebt ihn und er ist wahrhaft unersetzlich. Sein Name und seine Handlungen werden der Menschheit immer ein Leitstern sein.

Entsprechend der alten indischen Tradition sollte der König seine Untertanen als seine Familie und sein Land als sein Heim betrachten. Doch mit all der geistigen und atmosphärischen Umweltverschmutzung ist diese alte Idee nicht länger praktikabel. Wenn auch nicht im wörtlichen Sinne, so sollte doch ein Geschäftsführer bzw. eine Führungspersönlichkeit seine Mitarbeiter als seine erweiterte Familie betrachten. Ist eine solche persönliche Verbundenheit gegeben, kehrt ein Geist wahrer Menschlichkeit ein.

Auf der US-Tour 2013 wurde Amma in Washington DC von einem Reporter gefragt: „Sie sind heute in der Hauptstadt der USA. Haben Sie eine Botschaft für Präsident Obama und seine Familie?" Ammas Antwort war nicht nur eine Botschaft an den amerikanischen Präsidenten Barack Obama, sondern an alle in der Welt, die sich in führenden Positionen befinden: „Der Präsident gehört den Bürgern dieses Landes, seine Familie ist das ganze Land. Möge er diesem Land nach besten Kräften dienen. Möge er tiefes Verständnis und die Fähigkeit besitzen, seinen Pflichten sich um die Menschen dieser Nation zu kümmern nachzukommen. Mögen er selbst und seine Familie immer glücklich und zufrieden sein."

Dave Packard, Mitbegründer von Hewlett-Packard entwickelte die Idee des ‚Managements durch Umhergehen' (MBWA), das in Tom Peters Buch ‚Auf der Suche nach Spitzenleistungen' vorgestellt wird. Packard erklärt hier, wieso er an die positive Wirkung glaubt, wenn ein Manager im Großraumbüro oder der Fabrik umhergeht, um mit seinen Mitarbeitern zu sprechen. Diese Technik hilft nicht nur dem Manager eine Vorstellung vom Arbeitsplatz der Angestellten zu bekommen, es gibt auch den Mitarbeitern das Gefühl, dass man sich um sie kümmert und sie mit dem Management verbunden sind.

Tatsächlich lässt Amma auf den Reisen innerhalb und außerhalb Indiens bei jedermann Freude aufkommen, wenn sie die verschiedenen Abteilungen ihrer Zentren aufsucht. Sie besucht die Küche, Baustellen, Druckereien, Krankenhäuser, Kuhställe usw. Im Zentrum in Kerala verteilt sie jeden Dienstag das Essen an die Bewohner und Gäste. Sie isst mit ihnen, singt und tanzt mit ihnen und beantwortet Fragen. Eigentlich ist dies ein untrennbarer Teil von Ammas Tourprogrammen und täglichen Aktivitäten. Diese Atmosphäre von Intimität und persönlicher Fürsorge gibt den Anhängern ein Gefühl der Unterstützung. Dies hat eine magische Auswirkung, es steigert den Enthusiasmus und den Bewusstheitsgrad der Menschen. Außerdem teilt sie bei den Auslandstouren das Abendessen für alle ihre Begleiter aus und diese sind begeistert, wenn sie ihren Teller direkt aus Ammas Händen bekommen.

Von Zeit zu Zeit, wenn Amma sich im Zentrum in Kerala oder in einer Außenstelle befindet, kann sie spontan und unerwartet umhergehen und überprüft jede Abteilung, um sicherzustellen, dass alles sich in einem sauberen und ordentlichen Zustand befindet. Diese Inspektionen finden gewöhnlich in der Nacht statt, oftmals nach Mitternacht. Welche Uhrzeit es auch immer sein mag, sobald Amma aus ihrem Zimmer kommt, ist sie von Menschen umringt, die sie dann begleiten.

Während einer dieser Veranstaltungen des ‚Managements durch Umhergehen‘ (MBWA) – trat Amma auf einer Baustelle plötzlich auf einen Nagel. Sie hob den Nagel auf und hielt ihn hoch, so dass jedermann ihn deutlich sehen konnte. „Seht euch das an", sagte sie ernst. „Wisst ihr nicht, dass unter den Tausenden, die hier herkommen, sich auch Arbeiter befinden, die von ihrem Tageslohn abhängig sind, um den Lebensunterhalt für die Familie zu verdienen? Was, wenn sich einer dieser armen Arbeiter durch den Nagel verletzt? In seiner Unwissenheit über den Ernst der Wunde wird er sie vielleicht nicht einmal behandeln. Wenn er als der einzige Brotverdiener der Familie zu Hause bleiben muss, um sich zu erholen, müssen seine Frau und seine Kinder hungern. Also muss er trotz seiner Schmerzen arbeiten. Dies verschlimmert die Wunde. Sie kann sich entzünden und der Mann wird für mehrere Wochen oder gar Monate bettlägerig. Ohne Nahrung und ohne die Möglichkeit, ihren grundlegenden, täglichen Bedarf zu decken, wird die ganze Familie leiden. Das ist ein denkbares Szenario, nicht wahr? Habt ihr jemals darüber nachgedacht? Jeder von uns ist verantwortlich für all das Leid einer Familie, wenn so etwas einem der Besucher zustößt. Durch unsere Nachlässigkeit und unseren Mangel an Verantwortung für andere werden wir zur Ursache oder Quelle des Leids, das die Familie erdulden muss. Es ist nur ein kleiner Nagel, doch er könnte das Leben eines unglücklichen Menschen zur Qual machen. Ich möchte nur eines sagen, wenn etwas Ähnliches noch einmal passiert, werde ich selbst die Aufgabe übernehmen das Gelände zu kehren und den Müll wegzuräumen."

Zuweilen sieht Amma Säcke übrig gebliebenen Zements und Ziegelsteine unbeachtet herumliegen. Sofort setzt sie sich nieder, sammelt alles auf und weist die Bewohner an, sie für kleine Dinge zu verwenden wie kleine Steinplatten, Zementblöcke oder auch für Ausfüll- und Ausgleichsarbeiten.

Wenn Amma die Küche oder den Bereich für Gemüseschneiden besucht, geht sie zunächst geradewegs zu den großen Mülleimern. Sie schaut sich an, was sich darin befindet und greift manchmal sogar hinein. Der Zweck besteht darin sicherzustellen, dass keine Nahrungsmittel verschwendet werden. Wenn Amma Gemüseschalen mit zu viel Gemüse daran findet, ruft sie die Gemüseschneider herbei. Sie zeigt allen, was sie im Abfall gefunden hat und erklärt, dass wir durch die Verschwendung von Nahrungsmitteln einer hungernden Familie das an Nahrung wegnehmen oder gar stehlen, was ihnen rechtmäßig gehört. Dann demonstriert sie, wie man das Gemüse richtig schneidet.

Manche Leute haben die Gewohnheit hier ein Blatt abzureißen, dort eine Blume zu pflücken oder einen kleinen Zweig von einem Baum abzubrechen, wenn sie spazieren gehen oder herumstehen, während sie sich mit jemandem unterhalten. Jedes Mal, wenn Amma bei einem nächtlichen Rundgang bemerkt, dass jemand so etwas tut, weist sie sie oder ihn zurecht und sagt: „Du hast keine Ahnung. Sie schlafen und es ist grausam sie aufzuwecken. Stell dir vor, was passiert, wenn du tief schläfst und jemand dich heftig schüttelt. Versetzt dich das nicht in Angst und Schrecken? Ähnlich verhält es sich bei Pflanzen und Bäumen. Wenn auch ohne Absicht, du verletzt eine Pflanze, wenn du ihr ohne Grund ein Blatt abpflückst." Dann besteht Amma darauf, dass sich die betreffende Person bei der Pflanze entschuldigt.

Als eine Führungspersönlichkeit weiß Amma genau, wie sie ihre Autorität einsetzen kann, ohne andere zu verletzen. Sie weiß, wann und wie sie als Lebensberaterin helfen kann, sie weiß genau, wann es einfach zuzuhören gilt, wann sie bei einer bestimmten Entscheidung ein Machtwort sprechen muss oder wann es Zeit für eine Behandlung in Stille ist. Wenn Amma ihre Managementtätigkeit ausübt, hat sie niemals Vorurteile gegenüber einer Person oder einer Situation. Daher vermag nichts ihre heitere und freundliche Stimmung zu beeinträchtigen. Sie kann Gefühle zeigen, um ihren Unmut über eine bestimmte Situation zum Ausdruck zu bringen und manchmal benutzt sie strenge Worte, doch dies sind lediglich Masken, die sie jederzeit auf- oder absetzen kann. Ihre wirkliche Natur besteht aus Liebe und Mitgefühl. So sind ihre Absichten stets rein und unantastbar. Management besteht nicht darin, mit einer stolzen Miene umherzulaufen und sein Ego in den Mittelpunkt zu stellen, andere zu kritisieren und seine Autorität zu zeigen. Es geht vielmehr darum Bescheidenheit zu lernen. Demut ist der erste Schritt zu gutem Management.

Inspiriert durch Ammas Beispiel haben wir im Zentrum des MAM das Ziel Null-Müll erreicht. ‚Verminderung, Wiederverwendung und Recycling', so lautet Ammas Motto.

Im Jahre 2011 startete Amma das Programm ‚Amala Bharatam Campaign' (ABC), Kampagne für ein sauberes Indien. Das Ziel besteht darin, in der Öffentlichkeit das Bewusstsein für sauberere Städte und den Naturschutz wecken. Das Programm wurde öffentlichkeitswirksam gestartet und seitdem haben viele freiwillige Helfer es erfolgreich vielerorts in die Tat umgesetzt. Die unten beschriebene Aufräumaktion ist ein klassisches Beispiel für das ‚Management durch Umhergehen.' Während der Aktion ermutigte Amma die an der Arbeit beteiligten Personen, sie selbst als vollen, mitarbeitetenden Teil des Teams zu betrachten.

Im Januar 2013 besuchte Amma im Rahmen der Nordindientour Kolkata (Kalkutta). Das Programm fand an zwei Tagen statt, und zwar am 19. und 20. Januar. An beiden Tagen saß Amma über 12 Stunden ununterbrochen auf ihrem Stuhl und gab Darshan. Am zweiten Tag gegen 18 Uhr gab sie während des Darshans bekannt, dass die Straße in der Nähe des Veranstaltungsortes gesäubert werden müsste und dass auf diese Weise das Amala Bharatam-Projekt in Kalkutta gestartet würde. Sie schickte Freiwillige, um das Aktionsgebiet zu inspizieren und die für die Aufräumarbeiten notwendigen Arbeitsgeräte zu beschaffen.

Der Darshan endete um 23 Uhr, Amma stand auf und ging die lange Zufahrt hinunter, die zur Budge Budge Trunk Road führt, einer verkehrsreichen Straße, die am Veranstaltungsort vorbeiführt. Zusammen mit mehr als 800 Helfern verbrachte sie die nächsten drei Stunden damit, drei Kilometer der Straßenränder zu reinigen. Amma hatte Handschuhe und eine Atemmaske an, so nahm sie sich den Müll vor, der sich seit Jahren am Straßenrand angesammelt hatte. Die Helfer schwärmten aus und sammelten Müll der verschiedensten Formen, Größen, Gerüche und packten ihn zum Abtransport in Säcke. Nachdem sie den Unrat drei Stunden lang vom Straßenrand geharkt, geschaufelt und gekratzt hatte, ging Amma die drei Kilometer lange Strecke zurück, um sich die hart arbeitenden Freiwilligen anzusehen und ihnen Anerkennung für ihre Bemühungen auszusprechen. Auf ihrem Rückweg zum Veranstaltungsort fuhr ein großer Lastwagen vor, der die Müllsäcke wegfahren sollte.

Während der ganzen Nacht wurden viele Anwohner aus dem Schlaf geweckt durch das Gelächter und die Freude, mit welcher vollkommen fremde Leute aus aller Welt die Umgebung säuberten. Viele kamen an die Tür und sahen verblüfft, was für ein unerwartetes Fest dort draußen in der kalten Nacht stattfand.

Die erstaunten Polizisten, die eigentlich Amma eskortieren wollten, halfen dabei, den lebhaften Verkehr auf der Straße zu regeln. Als Amma und die Tourgruppe am nächsten Morgen zur Weiterreise nach Odisha aufbrachen, war die Straße makellos sauber.

Seit seinem Beginn hat das Amala Bharatam-Projekt mehrere große Säuberungskampagnen in ganz Indien unternommen. Mehrere indische Länder verpflichteten sich die Kampagne zu unterstützen und förderten die Säuberungsaktionen in ihrem Bundesland.

Die Times of India, eine der führenden indischen Tageszeitungen – in englischer Sprache, brachte die Nachricht so: „Zur Einführung der Amala Bharatam Campaign fegte und säuberte Amma zusammen mit Hunderten ihrer Schüler und Anhänger einen drei Kilometer langen Abschnitt der Budge Budge Road in der Nähe von Sarkarpool. Dies geschah in der Nacht des 19. Januars, nachdem Amma in ihrem Ashram zuvor Tausenden von Devotees Darshan gegeben hatte."

Wie der Sanskrit-Vers am Anfang des Kapitels ausdrückt, gibt es für Amma kein ‚ich' und ‚du.' Die Empfindung: ‚Ich bin überlegen, du bis unterlegen', existiert für sie nicht. Es gibt nur ,uns, wir, Mutter und Kinder.'

Die Bhagavad Gita sagt: „Große Menschen schauen einen gebildeten und demütigen Gelehrten, eine Kuh, einen Elefanten und sogar einen Hund oder einen Ausgestoßenen gleich an."

Amma betont: „Lernen ist ein endloser Prozess. Seid also immer Anfänger und habt eine kindliche Einstellung. Demut lässt unser Herz immer erfüllt sein und verkleinert unser Ego."

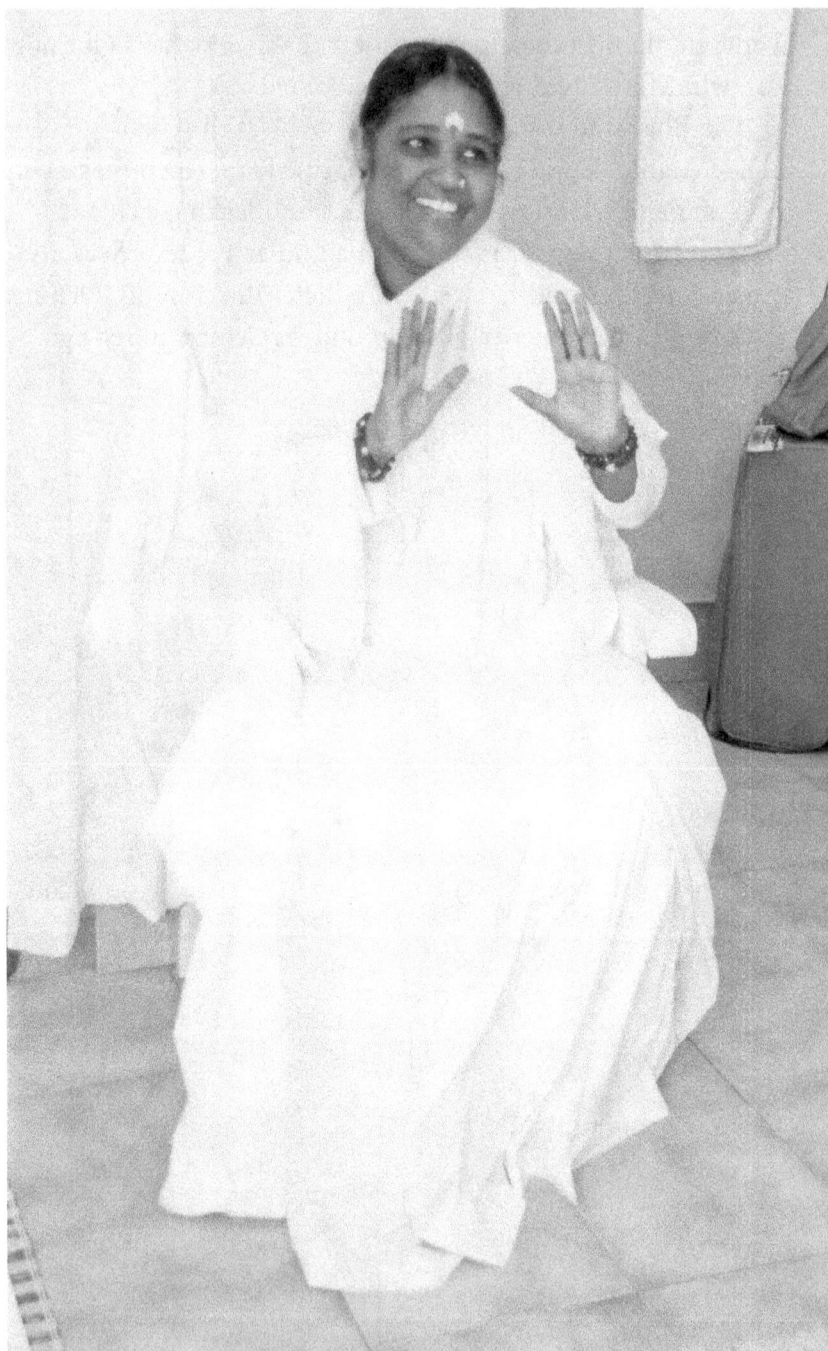

KAPITEL NEUN

Zufriedenheit, der wahre Reichtum

Amma sagt: „Wenn ihr eure Aufmerksamkeit auf die Handlung und nicht auf das Ergebnis richtet, wird sich Zufriedenheit einstellen. In dem Augenblick, in dem sich eure Aufmerksamkeit von der Handlung abwendet und auf das Resultat fixiert ist, verschwinden Freude und Zufriedenheit. Angst und Sorge stellen sich ein. Zufrieden zu sein bedeutet zentriert zu sein."

Ich habe nichts gegen Geld oder Wohlstand und meine Sicht des Lebens, die ich von Amma gelernt habe, steht auch nicht im Widerspruch zu Reichtum. Doch Wohlstand und großer Reichtum bringen ein Problem mit sich. Es bleibt eine ständige Aufgabe herauszufinden, ob wir oder unser Geld willkommen ist, ob die Liebe, die man uns entgegenbringt, uns selbst oder unserem Vermögen gilt! Die Antwort wird immer schwanken. Geld ist sicherlich ein Mittel, doch vielleicht sollten wir darüber nachdenken, ob es auch der Zweck sein soll. Das Interessante ist: Ein glücklicher Mensch wird wahrscheinlich noch glücklicher sein, wenn er viel Geld hat, umgekehrt jedoch wird ein reicher, aber unglücklicher Mensch immer trauriger werden, selbst wenn er im Überfluss lebt.

Die spirituellen Meister rühmten die Zufriedenheit – Tripti. Diese Weisen der alten Zeit betonten die Bedeutung der Zufriedenheit in Bezug auf Vermögen. Tripti als Tugend zu schätzen bezog sich nicht auf den Erwerb von Reichtum oder Errungenschaften, sondern auf den Besitz. „Nur zu, macht Gewinn!", sagten sie, „aber macht nicht eure Zufriedenheit davon abhängig. Glaubt nicht, dass die Schaffung von Wohlstand zu Glück führen muss." Ein unwissender Mensch jedoch, der die Botschaft falsch verstand, beschloss, es meine, man solle nicht arbeiten oder strebsam sein, um im Leben etwas zu erreichen. Doch eine solche Interpretation lag niemals in der Absicht der spirituellen Meister. Wir haben somit eine falsche Verbindung zwischen Geld und Glück hergestellt. Wenn wir Geld haben, folgt daraus Glück; falls nicht, verlässt es uns. Doch in Wahrheit ist diese Vorstellung falsch. Sie entstammt unserem Gemüt und unserem Ego.

Zufriedenheit besteht darin, das wertzuschätzen, was wir haben und nicht das zu begehren, was wir nicht haben. Sobald die falsche Verbindung zwischen Geld und Glück durchtrennt ist, begreifen wir, dass unser Glück nicht davon abhängt, ob unser Jahreseinkommen 30.000 Dollar, 100.000 Dollar oder 1.000.000 Dollar beträgt. Tatsächlich ist es diese Haltung, die einen Geschäftsmann dazu befähigt zum Wachstum der Nation beizutragen, denn nachdem er das erworben hat, was er und seine Familie benötigen, kann er den Rest für das Land – für die Bedürftigen, die Bildung, den Wohnungsbau, die Katastrophenhilfe und vieles andere mehr verwenden.

Wir sollten also herausfinden, was wir wirklich brauchen und dann menschenfreundlichen Idealen folgen und über unsere Familie hinaus uns um die Weltfamilie kümmern. Wir sollten unseren Kinder nicht nur ein schönes Haus schenken, sondern auch eine schöne Welt.

Kürzlich traf ich R.N. Ravi, einen früheren Beamten des IPS, der gerade von seinem Posten als Direktor des Zentralen Nachrichtendienstes zurückgetreten war. Derzeit ist er als Berater des Innenministeriums tätig. Dieser überaus freundliche, hochgeachtete Gentleman und seine Frau hatten zwei Kinder von den Straßen in Delhi adoptiert und sie gemeinsam mit ihren drei eigenen Kindern großgezogen. Als er von seinen Erfahrungen erzählte, erwähnte er: „Ich mache solche Dinge, weil sie mir so viel Freude bereiten und es mir hilft mein Herz zu öffnen. Ich bin zufrieden. Ich glaube an Schicksal und Karma, doch noch mehr glaube ich an Gottes Gnade. In meinem Leben zeigte er mir immer den rechten Weg, die Dinge, die ich tun sollte. Er verwendet uns als seine Instrumente."

Ravi berichtete von einem wunderbaren Vorfall, der sich ereignete, als er das Amt des Polizeipräsidenten in einem Regierungsbezirk von Kerala innehatte. Während seiner Amtszeit wies er seine Mitarbeiter an überall in der Stadt Beschwerdekästen anzubringen. Ravi erzählte:

„Jedermann konnte mit oder ohne Unterschrift einen Brief schreiben, sich beschweren oder einen Vorschlag machen und in den Kasten werfen. Jeden Abend sammelten meine Mitarbeiter die Briefe ein und brachten sie mir, um die entsprechenden Maßnahmen in die Wege zu leiten. Es half uns die Polizeiarbeit im Dienst der Menschen zu verbessern, denn auf diese Weise erreichten wir mehr Leute, als wenn wir darauf gewartet hätten, dass sie auf die Polizeiwache kommen würden – was für sie nicht immer eine angenehme Erfahrung ist. Ich betrachtete mein Amt als einen göttlichen Auftrag, die Tränen aus den Augen der Menschen zu wischen, so sehr ich nur konnte. Das genannte Experiment führte zu einer drastischen Verringerung der Kriminalitätsrate in den Bezirken."

Einmal erhielt er aus dem Beschwerdekasten einen Zettel eines kleinen Jungen: „Onkel Polizist, jeden Tag warte ich am Straßenrand darauf, dass der Schulbus kommt. In der heißen

Sonne schmilzt der Teer auf der Straßenoberfläche und bleibt an meinen Schuhen kleben. Kann der Onkel Polizist etwas dagegen tun?" Streng genommen gehörte dies nicht zu seinen Aufgaben als Polizeibeamter. Er hätte das Anliegen des Jungen mit ein paar lahmen Ausflüchten beiseite legen können. Doch der Beamte telefonierte gleich mit der örtlichen Abteilung für Öffentliche Arbeiten und bat sie, den betreffenden Teil der Straße auszubessern, was auch geschah.

Ravi fuhr fort: „Bei einer anderen Gelegenheit erhielt ich den Brief einer älteren Dame, die in einem Altenheim lebte. Der Brief lautete: ‚Mein Sohn, viele von uns sind krank und in sehr fortgeschrittenem Alter; wir leben in einem Heim für alte Menschen. Es gibt nur einen einzigen Deckenventilator, seit mehreren Wochen ist er kaputt. Niemand kümmert sich darum, ihn zu reparieren oder durch einen neuen zu ersetzen. Könnten Sie uns bitte helfen?'"

Auch dies gehörte nicht in seinen Verantwortungsbereich. Wie viele andere Leute hätte er den Brief in den Papierkorb werfen und vergessen können, doch nicht dieser Mann. Er kaufte einen neuen Ventilator. Zusammen mit einem Elektriker begab er sich in das Altenheim und installierte den Ventilator für die Bewohner. Alle und besonders die Frau, die den Brief geschrieben hatte, waren äußerst glücklich und dankten ihm sehr dafür.

Der Beamte gestand mir: „Ich habe diese Briefe immer noch bei mir, bewahre diese Erfahrungen in der Schatzkammer meines Herzens auf und denke über sie nach. Es erinnert mich daran, dass ich nicht nur eine Pflicht gegenüber meiner Familie, sondern auch gegenüber der Gesellschaft habe und dies nicht nur als Polizeioffizier, sondern als ein menschliches Wesen, als jemand, der von Gott geschickt wurde, um anderen zu helfen, so gut ich es vermag. Ich bin Sein Botschafter, Sein Gesandter.

Diese Einsicht bringt mir große Freude und Zufriedenheit." Tatsächlich ist jeder von uns ein Botschafter Gottes. Dies ist ein intelligenter Polizeioffizier, ein Fachmann, der bei seiner Arbeit mehr mit dem Herzen als mit dem Kopf handelte. „Jeder mit einer Sendung Betraute, ist ein Engel." Dieses Zitat stammt von Moses Maimonides, einem jüdischen Philosophen, Arzt, Astronomen und einem der profiliertesten und einflussreichsten Tora-Gelehrten.

Es ist ein Fehler zu glauben, dass unser Lebensgenuss sinkt, wenn wir der Zufriedenheit in unserem Dasein mehr Wert beimessen. Dieses Missverständnis wird durch die Gier verursacht. Es ist an dieser Stelle wichtig, sich folgenden Sachverhalt zu vergegenwärtigen: Die alte Wissenschaft der Spiritualität war niemals lebensverneinend; vielmehr bejaht sie das Leben. In der Geschichte der Menschheit hat es immer wieder Tyrannen (Alleinherrscher) gegeben, die eine Ideologie der Anti-Zufriedenheit propagierten und diese sogar ihren Untertanen aufzwangen, besonders den wenig intellektuellen Gruppen der Gesellschaft. Die Wahrheit ist jedoch, dass kein echter spiritueller Meister, weder im Osten noch im Westen, je diese Lebensauffassung vertrat. Sie alle hießen das Leben mit seinen verschiedenen Möglichkeiten stets willkommen. Der Unterschied bestand darin, dass sie nicht nur Glück, Erfolg und Ruhm, sondern auch Elend, Scheitern und Schande akzeptierten. Sie verfluchten weder andere Menschen noch die Natur, wenn sie solche Erfahrungen zu durchleben hatten, sondern nahmen furchtlos die Verantwortung für herausfordernde Situationen auf sich und bejahten sie mit einem Lächeln. Kurzum, sie würdigten und begrüßten gleichermaßen den äußeren wie auch den inneren Reichtum. Sie schätzten den äußeren Wohlstand und die Freude, die mit ihm einherging, doch sie erkannten auch den inneren Reichtum der Zufriedenheit. Dies bewirkte ein vollkommenes Gleichgewicht in ihrem Leben. Für sie war Freude am allerwichtigsten.

In einer der alten indischen Schriften, Taittiriya Upanishad, gibt es eine zehn Stufen umfassende Grafik über äußeren Reichtum und innere Zufriedenheit. Zum Beispiel: Ein Mensch klettert durch Anhäufung von Reichtum von Stufe 1 auf Stufe 2 und ein anderer Mensch steigert den Grad seiner Zufriedenheit ebenfalls von Stufe 1 nach Stufe 2. Wäre man nun in der Lage, das Glücksniveau dieser beiden Personen zu messen, würde man feststellen, dass die zweite Person, die den Grad der Zufriedenheit steigerte, hundert Mal mehr Freude empfindet als ersterer, der mit der Anhäufung von äußerem Reichtum beschäftigt ist. Selbst ohne eines der modernen technischen Geräte ist er weitaus zufriedener und glücklicher als ein wohlhabender Mensch, der nicht zufrieden ist.

Wahre Zufriedenheit stellt sich ein als Ergebnis unserer bedingungslosen Hilfe für andere Menschen, die Hilfe brauchen. Anderen zu helfen gibt uns ein Glücksgefühl. Wir wachsen über uns hinaus, wenn wir jemand anderem zu Diensten sind, ohne etwas dafür zurückzuerwarten. Unser Bewusstheitsgrad steigt. Helfen wir jemandem in selbstloser Weise, so identifizieren wir uns mit seiner Freude und seinem Kummer, ob wir uns dessen bewusst sind oder nicht. Tatsächlich sehen wir in diesem Prozess uns selbst in der anderen Person. Der andere wird eine Erweiterung von uns selbst und die Empfindung des ‚Andersseins‘ verschwindet.

In den USA gibt es eine beliebte Fernsehshow, die aufzeigt, dass die Hilfe, die wir anderen zuteil werden lassen, es uns ermöglicht uns selbst in der anderen Person zu erkennen. Einige der erfolgreichsten amerikanischen Selfmade-Millionäre begeben sich auf eine wahrhaft unglaubliche Reise. Sie verbringen eine

Woche in einer der ärmsten Regionen des Landes und belohnen am Ende einige unbekannte ,Helden der Gesellschaft' mit Hunderttausenden von Dollars aus ihrer eigenen Tasche. Nach dem Vorbild der überaus erfolgreichen gleichnamigen britischen TV-Serie begleitet nun jede Folge von ,Secret Millionaire' jeweils einen dieser überaus erfolgreichen amerikanischen Geschäftsleute, wenn sie für eine Woche ihr komfortables Zuhause gegen einen Aufenthalt in einem Armenviertel des Landes verlassen. Sie halten währenddessen ihre wahre Identität geheim.

Diese ,geheimen Millionäre' wollen die Zeit, die sie in einer Unterkunft auf Sozialhilfeniveau leben, dazu zu nutzen, die verdienstvollsten Menschen innerhalb der Gemeinschaft herauszufinden. Die Rede ist hier von jenen selbstlosen Menschen, die sich fortwährend aufopfern, um jedem, der in Not ist, unter die Arme zu greifen und andere dazu ermutigen, dasselbe zu tun.

Amos Winbush III – natürlich ohne seine gewohnte Kleidung und ohne Kreditkarte – begab sich für ,Secret Millionaire' eine Woche lang in ein Armenviertel von New Orleans. Obwohl er eine millionenschwere Firma aus dem Nichts aufgebaut hatte, war es für ihn eine sehr harte Erfahrung, nun mit nur 30,50 Dollar pro Woche auszukommen. „Ich ging in einen Lebensmittelladen und brach völlig zusammen", sagt der Vorstandsvorsitzende von CyberSynchs, einem in New York ansässigen Technologie-Unternehmen, das mehr als 196 Millionen Dollar wert ist.

„Ich kaufte Brot, Milch und Müsli; dann stellte ich fest, dass die Rechnung um die 60 Dollar betrug. Ich musste Sachen zurücklegen," sagt Winbush. „Das hat mir wirklich die Augen geöffnet. Ich musste nur eine Woche so leben, doch für viele Menschen ist dies das tägliche Brot."

Er sagt, diese Erfahrung, das Leben von Menschen in New Orleans zu verändern, habe auch ihn selbst verändert. „Ich war ziemlich selbstbezogen. Wenn man ein junges Unternehmen hat, ist man völlig auf das Wachstum der eigenen Firma konzentriert und schaut nicht unbedingt auf den Menschen, der vor einem steht. Man fragt sich nicht: ‚Wie sieht dessen Leben aus?‘ Das hat sich geändert. Ich bin völlig erneuert in die Stadt zurückgekommen.“

Während dieser unglaublichen Erfahrung kommen die Millionäre in engen Kontakt mit einigen wirklich außergewöhnlichen Perssönlichkeiten, die ihre eigenen Bedürfnisse zugunsten von anderen zurückstellen. Später offenbaren die Geschäftsleute ihre wahre Identität und spenden Geld für diese ‚lokalen Helden‘. Dieser Augenblick verändert das Leben.

Kürzlich traf ich eine kleine Gruppe von Frauen, die mich in ihre inspirierende Geschichte einweihten. Diese Frauen kommen überwiegend aus Familien der unteren Mittelklasse. Sie sind Teil von Amritakudumbam, einem von Amma iniziierten spirituellen Projekt. Amritakudumbam besteht aus mehreren Familien, die regelmäßig zusammenkommen, um gemeinsam spirituelle Übungen zu machen und der Gesellschaft zu dienen. Da sie aus armen Familien stammen, mühen sich diese Frauen den ganzen Tag ab, um ihren Lebensunterhalt zu verdienen. Ihre Geschichte trieb mir die Tränen in die Augen. Jeden Tag legen sie einen kleinen Teil ihres Tagelohns beiseite und alle zwei Wochen kaufen sie von dem ersparten Geld Reis und Gemüse. Sie bereiten die Nahrungsmittel zu und bringen das Essen in ein nahe gelegenes Waisenhaus, um die armen Kinder zu speisen. Ich würde behaupten, ihr Bewusstseins- und Zufriedenheitsgrad liegt weit über dem des reichsten Menschen der Welt. Diese Frauen folgten Ammas Lehre: „Bringt alles, was ihr könnt, der Gesellschaft dar.“ Ihre Liebe zu Gott erweiterte ihr Bewusstsein und dadurch veränderten sich die äußeren Umstände.

Wenn wir unser Glück auf Wohlstand und auf Vorherrschaft gründen oder darauf, der nächste Bill Gates zu werden, werden wir nicht nur jede Menge Stress haben, wir werden selbst zu Stress werden und keinen Frieden finden. Egal, wie reich wir dann sind, unser Leben wird die Hölle sein. Es wird voller Angst sein. Wenn wir unser Glück an den Aktienmarkt binden, hängen unser Glück und unsere Zufriedenheit von der Gnade des Marktes ab – und wir alle wissen, wie der Markt ist: auf und ab, auf und ab, auf und ab. Wie ist der Gemütszustand eines Menschen, der sein Glück auf diesem Markt aufs Spiel setzt? Er gleicht einem Geisteskranken. Wenn der Markt auf einem Hoch ist – tanzt er vor Freude; wenn der Markt abstürzt – springt er aus dem Fenster. Warum? Weil er sein Glück einer Sache anvertraut hat, die ihrer eigenen Definition nach gnadenlos schwankt.

Wir alle wissen, dass die Welt unbeständig und unvorhersagbar ist – sei es die Welt der Familie, die Welt der Wirtschaft oder sogar die Welt der Liebe. Zufriedenheit erwächst nur aus einer inneren Kraft – der Kraft, positiv zu denken und zu fühlen. Und hier kommt Spiritualität in das Leben. Sie hilft uns, zentriert und ausgeglichen zu sein. Und dies erst ermöglicht uns, in der unbeständigen, unberechenbaren Welt ohne Furcht zu spielen.

„Es gibt keine Askese, die einem ausgeglichenen Geist gleichkommt und es gibt keine Freude, die der Zufriedenheit gleichkommt; es gibt keine Krankheit, die so schlimm ist wie Begierde und keine Tugend, die so hoch steht wie Barmherzigkeit."

– Chanakya

KAPITEL ZEHN

Die verborgene Kraft des Kummers

Versäumt es ein Unternehmen, unter seinen Mitarbeitern eine ‚Kultur des Herzens‘ zu fördern, so kann dies zum Ausbruch von entzweienden Konflikten führen. Auseinandersetzungen am Arbeitsplatz sind ein bekanntes Phänomen in beinahe allen Organisationen. Arbeiten Menschen aus verschiedenen Kulturen, sozialen Hintergründen, Nationalitäten und Sprachen zusammen, sind Meinungsverschiedenheiten und Streitigkeiten in der Regel unvermeidlich. Unterschiede in Bereichen wie Bildung, Qualifikation, Intellekt und religiöser Neigung sowie unbewusste Gefühle können Konflikte noch verschärfen.

In ihrer Rede beim Treffen der UNAOC in Shanghai sagte Amma: „Egal um welches Land es sich handelt, Harmonie und Einheit können in einer Gesellschaft nur gedeihen, wenn traditionelle Kultur und Modernisierung Hand in Hand gehen. Andernfalls wird das gegenseitige Vertrauen zerstört. Gruppen und Gemeinschaften werden sich formieren und versuchen, sich nur für ihre eigenen Rechte ein- und gegen andere durchzusetzen. Sie werden einander hasserfüllt gegenüber stehen und für unabsehbare Zeit wie isolierte Inseln nebeneinander existieren. Damit in einer Gesellschaft mit Menschen verschiedener Traditionen ein friedliches und erfolgreiches Zusammenleben gedeiht, sollten die Menschen sich weiterentwickeln und gleichzeitig die Traditionen anerkennen, die im Laufe vieler Generationen weitergegeben worden sind. Die Geschichte hat uns gelehrt, dass Erneuerung, die im Widerspruch zur Tradition steht, nur zu vorübergehender Zufriedenheit und kurzlebigem Wohlstand führt."

Wie löst man diese Art von Konflikten? ‚Die kriegführenden Parteien sollten ihre Probleme selber lösen' – dies ist der erste Schritt. Drohen die Dinge allerdings außer Kontrolle zu geraten, muss der Vorgesetzte die Initiative ergreifen. Geschieht dies nicht auf eine intelligente, vorsichtige, freundliche und diplomatische Weise, kann der Konflikt auf andere Abteilungen der Organisation übergreifen und die Atmosphäre wie auch die Leistungsfähigkeit des Teams beeinträchtigen. Womöglich wird die Moral der Mitarbeiter untergraben.

Wird ein Konflikt nicht angegangen, verlassen einige erfahrene Angestellte möglicherweise das Unternehmen; niemand möchte in einem extrem stressbelasteten und unfreundlichen Umfeld arbeiten. Eine Sache ist es die eigene Arbeit organisiert, gründlich und systematisch zu erledigen, eine andere jedoch mit einer schwierigen Situation leben zu müssen. Für jemanden dem es an Erfahrung und Strategie im Umgang damit fehlt, kann ein solcher Arbeitsplatz einen hohen Energieverlust bedeuten.

Seit über 34 Jahren reise ich nun mit Amma um die Welt. Ein Teil meines *Sevas* (Aufgabe) besteht darin, neben Ammas Stuhl zu sitzen und die Fragen zu übersetzen, die die Menschen in der ‚Fragereihe' stellen oder manchmal auch auf dem Weg zum Darshan. Ich habe miterlebt, dass sich Menschen gegenüber Amma ganz spontan öffneten und ihr ihr Herz ausschütteten als sie sie umarmte. Geduldig hört sich Amma ihre persönlichen, beruflichen, körperlichen, emotionalen und spirituellen Probleme an und schlägt eine Lösung vor. Das Ausmaß an Kummer und großer Traurigkeit, das Menschen mit sich herumtragen, mit anzuhören, ist wirklich schockierend und gelegentlich sogar deprimierend.

Doch ich bemerke auch, wie Menschen sich wandeln, eine Sache eher annehmen können und plötzlich wieder sehr viel glücklicher sind, nachdem sie Amma ihre Probleme mitgeteilt haben.

Ein großes Problem, von dem viele Menschen Amma berichten, sind innere und äußere Kämpfe, die sie am Arbeitsplatz durchzustehen haben sowie die enorme geistige Anspannung, der emotionale Stress und die physische Erschöpfung, die damit einhergehen. Sehr viele sagen: „Wenn ich endlich abends nach Hause komme, ist alle Energie und Begeisterung weg." ‚Gleich ins Bett gehen', ist dann oft die tägliche Routine.

Der Stress am Arbeitsplatz beginnt schon mit dem Verkehr auf dem Arbeitsweg, nachdem man am Morgen seine familiären Pflichten erfüllt hat. Im Laufe des Tages setzt der Stress sich fort in Gestalt frustrierender Erfahrungen, wie etwa Ränkespielen am Arbeitsplatz, Bevorzugung von ‚Lieblingen des Chefs', inkompetenten Managern usw. Die Liste ist lang. Wenn man solche Zustände sich selbst überlässt, führen innere Konflikte rasch zu Auseinandersetzungen. Diese beeinträchtigen die Leistung der Angestellten und können sich bald überall in der Firma in Form von Streiks, Boykott, Werksschließungen usw. bemerkbar machen. Die Lösung besteht darin, dass ein Manager die Situation erkennt und die Probleme bereits im Keim erstickt.

Es gibt Dinge, die unsere Augen nicht sehen können. Eine Führungspersönlichkeit, die reift und Erfahrung sammelt, sollte daran arbeiten ein intuitives Auge zu entwickeln. Damit ist ein klares oder verfeinertes Auge gemeint, mithilfe dessen man befähigt ist, die Dinge von innen heraus zu erkennen. Dieses Auge wird subtile Dinge erfassen, die dem äußeren Auge entgehen. Ein geübter Manager hilft den Mitarbeitern dabei, ihre Grenzen und Schwächen zu erkennen und sich dessen bewusst zu sein. Eine gute Unterstützung sollte nicht nur aus attraktiven Gehältern

123

oder Leistungspaketen bestehen, sondern auch darin liegen, ein größeres Verständnis für die Talente, Fähigkeiten und Schwächen der Team-Mitarbeiter aufzubauen. Den Angestellten dann dabei zu helfen, ihre Gefühle zu verarbeiten, ist eine heikle Aufgabe, die auf eine gesunde Art und Weise angegangen werden muss. Mit Gefühlen sollte äußerst vorsichtig umgegangen werden, ähnlich wie beim Aufblühen einer Blume, denn diesen wichtigen Aspekt falsch zu behandeln kann negative Auswirkungen in allen Lebensbereichen einschließlich familiärer Beziehungen oder gesundheitliche Beeinträchtigungen nach sich ziehen. Natürlich haben Manager und Angestellte Kontakt zu Experten von außen, wie etwa kompetente Psychologen, Therapeuten oder Berater, die ihnen bei der Bewältigung solcher Situationen zur Seite stehen und ihnen weitere Perspektiven eröffnen.

Einige Ratschläge, die solche Berater geben, lauten:
Sei geduldig und konzentriere dich auf deine Arbeit.

• Praktiziere Innenschau und Selbst-Analyse.
• Wenn dein Chef einen unqualifizierten Manager oder einen ihm nahestehenden Kollegen einstellt, der nicht über die nötigen Fähigkeiten und Talente verfügt, versuche die Dinge aus der Perspektive des neuen Managers zu betrachten. Versuche ihm seine Defizite durch freundliche Hinweise und Korrekturen bewusst zu machen.
• Stelle keine Vergleiche an. Akzeptiere und verstehe die Fähigkeiten und Schwächen anderer, wie sie nun einmal sind.
• Urteile nicht.
• Betone die gemeinsamen Ziele und arbeite im Interesse des Erfolgs der Organisation mit den anderen zusammen.
• Versuche zuerst, an deinen eigenen Schwächen zu arbeiten.

Diese Ratschläge funktionieren, doch nur bis zu einem gewissen Grade. Es gibt immer ein Pro und Contra. Letzten Endes ist die Veränderung der Wahrnehmung des Angestellten ausschlaggebend. Oder er wechselt die Arbeit oder die Firma. Manche Menschen machen sich selbständig und sind fortan ihr eigener Chef. Doch welche Lösung sie auch anvisieren, die Schatten werden ihnen folgen, denn wo immer sie auch hingehen, sie sehen und bewerten Situationen mit derselben Einstellung. Amma sagt: „Im Leben gibt es zwei Arten von Situationen: Entweder wir haben die Wahl, ein Problem zu lösen oder wir können nichts tun. Wenn es eine Wahl gibt, können wir hart arbeiten, bis wir das Ziel erreicht haben. Im Gegensatz dazu gibt es andere Situationen, in denen wir völlige Niederlagen einstecken; wie sehr wir auch kämpfen mögen – es wird uns nichts helfen. Angenommen wir sind nur 1,50 groß und möchten gerne 2 cm größer sein. Wir können Vitaminpräparate einnehmen, uns an unseren Füßgelenken mit dem Kopf nach unten hängen lassen oder andere Dehnübungen machen. In diesem Fall sind alle unsere Bemühungen vergeblich. Es ist nur eine Verschwendung unserer wertvollen Zeit und Energie, denn die DNS, die den Körper steuert, hat auch die Körpergröße festgelegt. Das müssen wir akzeptieren und damit leben. Wenn wir jedoch bei einem Examen oder bei einem Einstellungsgespräch versagen, haben wir die Chance, das Examen zu wiederholen bzw. zu einem anderen Einstellungsgespräch zu erscheinen, bis wir schließlich Erfolg haben. Den Unterschied zwischen diesen zwei Beispielen sollte man gut verstehen. Andernfalls werden quälender Schmerz und Furcht die Folge sein."

Wir sollten nichts unversucht lassen, bis unser Gewissen uns schließlich sagt: „Du hast wirklich alles getan. Nun höre auf und entspanne dich." Vertraut dieser Stimme, genauer gesagt, vertraut nur dieser Stimme. Worin besteht der Sinn, gegen eine Situation anzukämpfen, bei der man schließlich als Verlierer dasteht und sich gedemütigt und vollkommen erschöpft fühlt? Diesem Verständnis sollten wir erlauben, tief im Innern Wurzel zu fassen. Damit dies geschieht, reicht Selbst-Erforschung allein nicht aus. Es bedarf der Meditation. Nur Meditation erzeugt den notwendigen inneren Raum und die innere Stille, um die verlorene Energie wieder aufzufüllen und einen weiteren Energieverlust zu verhindern. Ein wirkliches Annehmen, das eine positive Haltung und innere Stärke bedeutet und nach dem wir suchen, mag sich nicht so rasch einstellen, wie wir es wünschen. Wie bei jeder anderen Aufgabe auch ist es wichtig, dass wir uns aufrichtig und stetig dafür einsetzen diese Haltung des Annehmens zu erreichen.

Manchmal ist es notwendig, eine Erfahrung zu durchleben, um in den Zustand der Gelöstheit und der Offenbarung zu gelangen. Dabei sollten wir so offen wie nur möglich bleiben und nicht zulassen, dass die Erfahrung uns überwältigt. Es ist nicht einfach, doch gewiss möglich, denn wir besitzen das innere Potenzial dazu. Tatsächlich verfügen wir über unbegrenzte Fähigkeiten.

Ich möchte von einer Erfahrung berichten. Im Jahre 1999 hatte ich plötzlich einen Bandscheibenvorfall in der Halswirbelsäule, der eine Zeit großen Schmerzes, Leid und emotionalen Aufruhr mit sich brachte. Amma warnte mich bereits, bevor die ersten Symptome auftraten. Wir waren auf der alljährlichen Nordindientour. Wie immer reisten wir mit Bussen und Autos auf der Straße. Unmittelbar nach dem Ende eines überfüllten Abendprogramms in Bangalore, das bis weit in den nächsten Morgen andauerte, stieg Amma ins Auto, um zum nächsten Ort zu fahren.

Ich saß auf dem Beifahrersitz. Kurz nachdem das Auto losgefahren war, fühlte ich Ammas weiche Berührung auf meiner

Schulter. Die Schwingung dieser Berührung war anders als sonst. Ich drehte mich um. Amma lächelte, doch sie sah auch etwas traurig aus. Mit sanfter Stimme sagte sie: „Ich fühle, dass etwas Bedrohliches über dir schwebt." Ihr Flüstern, ihr Blick, ihre Berührung und die ganze Schwingung waren machtvoll genug, mir eine unbekannte Nachricht, die noch zu entschlüsseln war, zu übermitteln.

Am nächsten Tag spürte ich einen Schmerz in meinem rechten Schulterblatt. Zuerst war er nur gering, wie eine Verrenkung, doch er verschlimmerte sich von Tag zu Tag. Der Schmerz zog in den rechten Arm hinunter. Als wir schließlich Puna erreichten, war der Schmerz unerträglich geworden. Ich konnte weder meinen Arm heben, noch mich hinsetzen oder stehen, ja es war nicht einmal möglich, mich hinzulegen. Schließlich meinte Amma, ich sollte mich einer Magnetresonanztomographie unterziehen. Diese diagnostizierte einen Bandscheibenvorfall in der Halswirbelsäule, wobei die Bandscheibe einen Nerv einklemmte. Die Ärzte, die wir aufsuchten, rieten einstimmig zu einer Operation. Doch Amma war anderer Meinung. Sie sagte: „Eine Operation ist unnötig. Ruhe dich einfach nur aus, es wird von selbst heilen." Dies geschah vor vierzehn Jahren; damals herrschte in Indien eine gewisse Angst vor dieser Operation. Ich entschied mich jedenfalls, Ammas Rat zu befolgen und legte mich hin.

Zwei Monate konnte ich das Bett nicht verlassen. Es waren nicht nur die körperlichen Schmerzen, sondern auch quälende Gedanken und schmerzhafte Gefühle, die mir zu schaffen machten. Als ein anderer Spezialist mich über die möglichen, bedrohlichen Spätfolgen des Bandscheibenvorfalls aufklärte, verschlimmerte sich meine Gemütslage noch mehr. Meine Hauptsorge war, dass ich mein *Seva*, das ich zwanzig Jahre lang ausgeübt hatte, nicht würde fortsetzen können. Die letzten zwei Jahrzehnte war ich aktiv und voller Tatkraft gewesen. Ich hatte gedacht, ich hätte vor nichts Angst. In meinem bewussten Denken gab es keine Spur von Furcht. Diese Erfahrung jedoch war ein bedeutendes Ereignis in meinem Leben, denn nun schien es, als würde alles auseinander fallen, als ob es das Ende meines Lebens wäre. Alles war stockdunkel und ein ‚Licht am Ende des Tunnels‘ war nicht erkennbar. Bis dahin war alles glatt gegangen, doch dann traf mich diese Sache wie ein Schlag. Jeder Augenblick schien wie eine Reise durch ein ganzes Zeitalter. Ich war so hilflos und es blieb mir nichts anderes übrig, als ausgiebig zu weinen. Jeden Tag vergoss ich ganze Eimer von Tränen und flehte von ganzem Herzen um innere Kraft, Liebe und Vertrauen.

Wie eine gefeierte Psychologin *par excellence* führte mich Amma durch alle Stufen dieser Erfahrung, flößte mir Glauben und Zuversicht ein und half mir dabei, meine Furcht zu überwinden. Doch selbst mit dieser Hilfe dauerte es sechs Monate, bis ich mich von der Dunkelheit, die mich umhüllte, befreite.

Den ersten Schritt musste ich selber tun und beginnen, vorwärts zu gehen. Ob es sich um eine äußere Situation oder einen Gefühlsausbruch handelt – jedes Mal ist der erste Schritt, den wir tun, von größter Bedeutung. Selbstliebe ist der erste Schritt. Man sollte die Liebe zum Selbst nicht mit der Liebe für das Ego verwechseln. Es handelt sich vielmehr um unser eigenes Selbst, unser inneres Potenzial. Um es weiter auszuführen, es handelt sich um den festen Glauben an das Geschenk des Lebens. Unsere Geburt ist nicht zufällig; sie folgt einem Zweck, einem höheren Ziel. Wir haben etwas zu erreichen, das niemand sonst tun kann. Ohne uns gäbe es im Universum eine Lücke, der Kosmos würde uns vermissen. Davon sollten wir überzeugt sein.

Der zweite Schritt, gleichermaßen bedeutsam, besteht darin, den richtigen Lehrmeister zu finden, einen Ratgeber, der das Leben umfassend kennt und alles erfahren hat, ein wahrer Wohltäter für die Gesellschaft. Wenn man diese zwei Schritte vollzogen hat, wird der dritte – sich des Lebens zu freuen und es, unabhängig von den äußeren Umständen zu feiern– automatisch daraus hervorgehen.

Ich fand Amma als meine Lehrmeisterin und Wegweiserin. Sie erleuchtet meinen Pfad. Ich muss nur den Willen haben, ihm zu folgen. Sie half mir, mit meinen Gefühlen umzugehen und aus den Schmerzen zu lernen, so dass mein Körper gesund werden konnte.

Jeder von uns braucht einen Lehrmeister, der uns durch sein Vorbild anleitet, nicht allein einen gebildeten und klugen Menschen mit Tonnen angehäufter Kenntnisse. Infolge der großen Fortschritte im Bereich von Wissenschaft und Technologie kann heutzutage jeder zum Gelehrten werden – nur einen Mausklick entfernt. Ich will vielmehr zum Ausdruck bringen, dass wir nach einem Lehrmeister suchen müssen, der über wahre Weisheit verfügt und fähig ist, durch Spontaneität und eigenes Beispiel zu schulen und zu lehren. Ein Zitat von Albert Einstein bringt dies auf den Punkt: „Ein Beispiel zu geben ist nicht das hauptsächliche Mittel, um andere zu beeinflussen – es ist das einzige."

Die Hilfe einer Führungspersönlichkeit mit den oben genannten Eigenschaften gibt uns Mut, Urteilsvermögen, Genauigkeit, Weitblick und die richtige Perspektive. Ein solcher Wandel in der individuellen Innenwelt bewirkt auch eine Veränderung in der äußeren Situation.

Wir können in der Lotterie gewinnen und Multimillionär werden. Oder wir können in der Endrunde als einer der vier letzten Mitspieler einer Gewinn-Show den ersten Preis gewinnen und eine Million Dollar als Preisgeld mitnehmen. Doch dies bewirkt keinen wirklichen Wandel in uns. Natürlich kaufen wir uns dann z.b. ein nobleres Haus, ein ausgefalleneres Auto, ein größeres Plasma-Fernsehgerät, so viel Gold, wie wir wollen u.a. Doch als Mensch werden wir weiter nach denselben alten Verhaltensmustern handeln, die in unserem Geist und unseren negativen Gedanken wurzeln.

Statt fünfundzwanzig Menschen mit einer hölzernen Keule oder mit einem Hammer zu töten, ist es nun möglich Tausende mit einem Knopfdruck umzubringen. Und dies nennen wir wissenschaftlichen Fortschritt! Ist das ein wirklicher Wandel? Mein Punkt ist: Was sich ändern muss, ist unsere Präsenz, unser inneres Wesen, unsere gesamte Persönlichkeit als ein menschliches Wesen. Was für ein Wandel im Leben auch stattfinden mag, er muss uns helfen, unsere Probleme zu verringern. Es sollte eine qualitative Veränderung sein und keine quantitative. Zwar kann sie auch quantitativ sein, falls wir dies wünschen. Doch sollte das nicht die bereits bestehenden Probleme verschlimmern.

Eines gilt es immer im Blick zu halten: Jeder Vorfall, sei er innerlicher oder äußerlicher Natur, besitzt ein Zentrum, ein Herz. Dort findet man seine wertvolle Botschaft. Wir haben zwei Wahlmöglichkeiten: Wir können entweder ihn als Sensation betrachten oder sensitiv mit ihm umgehen. Es geht hier nicht um eine verletzbare Sensitivität, sondern um eine durchdringende. Was bedeutet durchdringende Sensitivität? Es ist die Fähigkeit, durch den Schmerz hindurchzusehen und sein Zentrum zu erkennen. Wie es in der *Kathopanishad*, einer der wichtigsten *Upanishaden* heißt: „Jemand, der fähig ist, nach innen zu schauen, wird das innere Selbst, das Zentrum erfahren." Wenn in dem Vers auch von der Wiederentdeckung des Zentrums unseres wahren Seins die Rede ist, so lässt sich das gesagte doch auf alle Erfahrungen des Lebens anwenden. Nach innen zu blicken, erhebt die ganze Erfahrung in eine völlig andere Dimension. Wir erkennen die subtilsten Aspekte des Sachverhalts, welche anderen verborgen bleiben. Einfach, indem wir diese Prinzipien betrachten und in uns aufnehmen, erlangen wir die Fähigkeit, die Umgebung in der rechten Weise zu sehen und unsere Handlungen erfahren außergewöhnliche Schönheit, Kraft und Anmut.

Es ist ein grundlegendes Prinzip des Lebens, dass das Individuum alle Erfahrungen, die das Dasein ihm zukommen lässt, selbst bewältigen muss. Doch wenn wir eine Leiterin, ein lebendiges Beispiel positiver Eigenschaften und Werte als Lehrmeisterin haben, so wird sie uns durch alle scheinbar heimtückischen Wellen des Lebens hindurchnavigieren. Mir fallen Ralph Waldo Emersons Worte ein: „Willst du mich emporheben, so musst du auf höherem Boden stehen."

Die schmerzerfüllten Perioden unseres Lebens enthalten größere Tiefe als die Augenblicke, die wir als glücklich bezeichnen, denn unser Glück ist vorübergehender Natur. Diese Momente sind nicht tiefgehend. Was kann man anderes erwarten, wenn die Menschen nach schneller Befriedigung suchen?

Oftmals glauben wir, Kummer sei ein Gefühl, das schwach macht. Doch wer die Geheimnisse des Lebens verstanden hat, übermittelt durch das Beispiel seines eigenen Lebens die Botschaft, dass der Kummer eine verborgene Stärke besitzt. Tatsächlich hat er eine Tiefe, die dem Glück abgeht. Es ist wie Tag und Nacht. Dunkelheit hat die Eigenschaft der Undurchdringlichkeit. Wenn wir die innere Stärke entwickeln, die undurchlässige Schicht unserer traurigen und sorgenvollen Erfahrungen zu durchdringen, öffnet sich eine neue Welt des Bewusstseins und wir erhalten den Schlüssel zu einer bedeutungsvollen Welt des Wissens.

Ammas Leben selbst ist ein perfektes Beispiel, die verwandelnde Macht des Kummers unter Beweis zu stellen und für die Metamorphose, die man dadurch erreichen kann. Wenn wir dieses Geheimnis einmal verstehen, wird jedes Mal, da wir dem Kummer begegnen, der dunkle Aspekt verschwinden und Licht allein bleibt zurück. Es wird eine gleichzeitige Erfahrung sein, daher sollten wir den Schmerz nicht abwerten. Stattdessen müssen wir ihm zustimmen, und diese Zustimmung bringt Licht. Eine solche Einsicht verleiht dem Leben eine höhere Dimension. Der gesamte Wertmaßstab, den wir dem Leben auferlegt haben (‚verdiene mehr und verbrauche mehr‘) wird sich verändern. Körper, Geist, Gefühle und sogar den Reichtum, den wir erwirtschaften, werden zu machtvollen Instrumenten, um diesen Wandel, den wir im Blick haben, herbeizuführen.

Die tiefgründige Botschaft, die wir erhalten, wenn wir einen solchen Lehrmeister besitzen, besagt, dass die Schmerzen des Lebens uns nicht schwächen, sondern erwecken sollen. Sorgen existieren nicht, damit wir uns traurig oder deprimiert fühlen, sondern um uns dabei zu helfen, bewusster zu werden. Misserfolge sollten uns nicht aufhalten, sondern unsere innere Kraft freisetzen.

Amma gibt ein Beispiel: „Angenommen, wir gehen im trüben Licht der Abenddämmerung spazieren und ein Dorn bohrt sich in unsere Fußsohle. Wir entfernen den Dorn und gehen weiter, doch nun sind wir vorsichtiger und halten nach weiteren Dornen Ausschau. Plötzlich sehen wir eine Kobra, eine giftige Schlange. Unsere Wachsamkeit wegen des Dorns hat dazu geführt eine potenziell gefährliche Situation abzuwenden. Wären wir nicht wachsam gewesen, hätte die Kobra uns vielleicht gebissen. Der Dorn, der unseren Fuß sticht, sollte in diesem Zusammenhang nicht als eine schmerzerfüllte Erfahrung angesehen werden. Ihr mögt den Dorn verfluchen, doch wenn ihr später zurückblickt und diese Erfahrung genauer betrachtet, werdet ihr einsehen, dass sie auch dabei half, wachsamer zu sein."

Zwei Zitate von Charlie Chaplin sind es wert, in diesem Zusammenhang erwähnt zu werden. Er sagt: „Nichts ist von Dauer in dieser boshaften Welt, nicht einmal unsere Sorgen." Das andere Zitat lautet: „Um wirklich lachen zu können, muss man fähig sein, seinen Schmerz anzunehmen und mit ihm zu spielen!" Charlie Chaplin brauchte wahrscheinlich ein ganzes Leben, um einen Schimmer dieser Wahrheit zu erlangen. Die Frage, die wir uns selbst stellen müssen ist: „Muss ich solange warten, bis mir diese Wahrheit dämmert?"

KAPITEL ELF

Mannigfaltige Lektionen

„Ich möchte behaupten, dass viele Manager und Führungskräfte bei dem Versuch, Probleme zu lösen, den Wald vor lauter Bäumen nicht sehen, denn sie vergessen, auf ihre Mitarbeiter zu schauen – und nicht nur lediglich darauf, wie sie von ihren Leuten mehr verlangen oder sie effizienter führen könnten. Ich glaube, sie sollten etwas näher hinschauen, wie es für ihre Angestellten ist, jeden Tag dort zu arbeiten." Ich weiß nicht genau, was Mr. Gordon Bethune, der pensionierte Luftfahrtmanager und frühere Generaldirektor von Continental Airlines meinte, als er diesen aufschlussreichen Kommentar abgab. Doch sicherlich versteht dieser Mann etwas davon, wie man seine Teammitarbeiter bei guter Stimmung hält.

Peter Drucker traf den Nagel auf den Kopf, als er sagte: „Das meiste von dem, was wir Management nennen, besteht in nichts anderem, als es den Leuten schwer zu machen, ihre Arbeit zu erledigen."

Bewusst oder unbewusst legen manche moderne Manager einen unangebrachten Ernst an den Tag und setzen eine stolze Miene auf, als ob die ganze Welt von ihrer wichtigen Stellung erfahren sollte. Doch ein aufgeblasenes Ego und das Streben danach, wichtig zu sein, trägt weder positiv zur Persönlichkeit bei, noch macht es jemanden zu einem guten Manager. Es wird sich vielmehr sogar negativ auf den Ruf und die Leistungsfähigkeit auswirken.

Für Manager und Führungskräfte, so heißt es, sei es von Vorteil, freundlich mit Menschen umzugehen, doch von Nachteil, sich mit ihnen anzufreunden. Dazu bemerkt Amma: „Eine gelöst distanzierte Haltung und auf andere eingehen, ist genau das, was wir praktizieren sollten. Seid offen, aber bleibt distanziert. Seid einer von ihnen und dennoch allein." Dies klingt wie ein Rätsel. Und es ist doch ein Erfolgsgeheimnis: Seid den Menschen nahe, doch gleichzeitig fern. Wenn wir Menschen zu nahe kommen, können Situationen entstehen, die uns blind und unfähig machen, die Wahrheit zu sehen. Die Nähe und Vertraulichkeit beeinflussen unser Urteilsvermögen. Vor allem kann man vollkommen bloßgestellt werden. In einem aufregenden Moment gleiten wir zuweilen in eine Stimmung der Vergesslichkeit ab. Im Bruchteil eines Moments verlieren wir das Gefühl für unsere Identität; wir taumeln in einen Zustand der Nicht-Bewusstheit. In diesem Augenblick, in dem eine Situation uns ganz gefangen nimmt, sagen wir vielleicht ein Wort, machen eine Geste, ein Zeichen oder einen Gesichtsausdruck, den wir als unbedeutend betrachten. Für eine uns nicht wohl gesonnene Person könnte jedoch bereits dieses Zeichen ein klarer Hinweis sein, wenn er auf eine Gelegenheit gewartet hat, unsere Karriere zu behindern, und er wird diesen Moment ausnutzen, um auf der Leiter hinaufzusteigen und uns nach unten zu stoßen. Eine momentane Unachtsamkeit kann ein ganzes Imperium, das wir mit Mühe und Not aufgebaut haben, in einem einzigen Moment niederreißen.

Der oberflächliche Geist ist unfähig, irgend etwas zu erreichen. Alle wahren Errungenschaften werden aus dem tiefgründigen Geist geboren werden, einem besonderen Mutterschoß, der im Innern existiert und innovative Ideen hervorbringt. Wissen ist nichts Äußeres. Es befindet sich nicht dort draußen, sondern vielmehr im Innern, es ist ein Teil unseres Wesens. Das bekannte Sprichwort ‚Die Augen sind das Fenster der Seele‘ kann dahingehend abgeändert werden: „Unsere Augen werden zu neuen Fenstern, die den Blick auf eine ganze Welt des Wissens im Innern richten und auf das unbegrenzte Potenzial, das in uns schlummert.“

Allzuhäufig verwechseln die Menschen die Bedeutung der zwei Worte Alleinsein und Einsamkeit; viele glauben, sie bedeuteten dasselbe. Alleinsein hebt uns auf einen höheren Bewusstseinszustand empor, unsere Achtsamkeit, Weite und Heiterkeit werden erhöht. Einsamkeit zieht uns nach unten und führt zu Unachtsamkeit, einem beengten Gemütszustand und Unglücklichsein. Wie kann ein unglücklicher Manager kreativ und produktiv sein? Werden seine Mitarbeiter sein mürrisches Wesen wertschätzen? Ist ein solcher Mensch fähig, eine Kommunikation zwischen den einzelnen Abteilungen herzustellen? Ist ein Manager, der in diese Kategorie fällt, in der Lage, auf liebevolle Weise das so notwendige ehrliche Feedback zu geben und zu empfangen?

Oftmals übernehmen wir, wenn wir uns an etwas gewöhnt haben, dessen Eigenschaften, als ob wir den Dingen oder Personen immer ähnlicher würden. ‚Zahle heim mit derselben Münze‘, das ist die weithin akzeptierte Regel der modernen Zeit. Die dahinter stehende Botschaft lautet: ‚Wenn die Welt unfair ist, dann sollten wir es auch sein.‘

‚*Die Schwierigkeit, gut zu sein*‘ – der Titel, den Gurucharan Das, ein indischer Autor und Intellektueller, seinem Buch gab, klingt ziemlich angemessen. Unter allen Umständen immer gut und ehrlich zu sein, ist in der Tat schwierig. Dennoch – sind nicht alle Errungenschaften schwierig zu erreichen? Darüber hinaus bedeutet ‚gut‘ nicht hervorragend, es bedeutet nicht vollkommen. Der Beste sein zu wollen, ist natürlich ein herausforderndes Ziel.

Doch mit all unserer emotionalen Unvollkommenheit und unseren Schwächen ist es zumindest möglich, ein guter Mensch zu sein, wenn wir es wirklich wollen. Überall auf der Welt denken die Köpfe dieselben negativen Gedanken, doch es ist durchaus möglich, diese schlechten Gedanken zu reduzieren und ihre Intensität zu vermindern. Auch können wir uns bremsen, nach den unerwünschten und destruktiven Gedanken zu handeln, doch es ist fast unmöglich, sie völlig auszublenden.

Die Leute haben sich daran gewöhnt, Probleme zu haben. Manchmal erschaffen sie, während sie mit ihren Problemen beschäftigt sind, neue Probleme für andere. Ich erinnere mich an eines von Ammas Beispielen: „Ein Mann litt an starker Migräne und er klagte den ganzen Tag in seiner Familie darüber, ja sogar bei Freunden und Nachbarn. Am Abend waren seine Kopfschmerzen vorüber, doch nun hatten alle anderen Kopfschmerzen."

Es ist normal für uns, an unserem Wohlstand und Besitz zu hängen. Beim leisesten Anzeichen oder Zweifel, dass jemand etwas stehlen oder uns wegschnappen könnte, ruft dies eine starke Unruhe in unserem Geist hervor.

In ähnlicher Weise können Menschen auch an ihren Problemen und Ideen hängen.

Ich las das folgende ‚Gesetz eines Kleinkindes':

Wenn ich es mag, dann ist es Meins.
Wenn es in meiner Hand ist, dann ist es Meins.
Wenn ich es von dir nehmen kann, dann ist es Meins.
Wenn ich es vor einer Weile hatte, dann ist es Meins.
Wenn es Meins ist, darf es nie so aussehen, als ob es Deins wäre.
Wenn ich etwas mache oder baue, dann sind alle Teile Meins.
Wenn es so wie Meins aussieht, dann ist es Meins.

Wenn ich glaube es sei Meins, dann ist es Meins.

Alle unsere Kreationen sind das Produkt unseres begrenzten Geistes. Daher können sie nicht völlig makellos sein. Klammern wir uns jedoch übermäßig an unsere Pläne, unser ‚Baby‘, dann folgen wir dem obigen ‚Gesetz eines Kleinkindes‘. Wenn wir einer Sache zu sehr verhaftet sind, werden wir unfähig, dem Feedback und den Ratschlägen unseres Teams Gehör zu schenken; wir sind nicht in der Lage, unserem Team Gerechtigkeit widerfahren zu lassen.

Ich hörte Leute sagen: „Das Leben ist unfair, aber ich habe mich daran gewöhnt."

Amma sieht das anders. Sie sagt: „Das Leben scheint nur unfair, wenn wir es mit den äußeren Augen betrachten. Betrachtet es von innen und ihr werdet erkennen, dass das Leben immer fair ist, ist doch das Leben die Ganzheit, das Universum. Menschen können unfair sein, doch das Universum muss fair sein, da es sich allen gleichermaßen zur Verfügung stellt. Doch sollten wir immer fest verwurzelt bleiben in unseren eigenen tiefen Überzeugungen über die Werte im Leben."

Ammas Einstellung besteht darin, sich nicht an die Gesetze der ‚unfairen‘ Welt anzupassen und damit nicht in die Fußstapfen der Unfairness zu treten. Die Wege der Welt sind unvermeidbar und unumgänglich. Man sollte furchtlos seine Erfahrungen machen und dabei lernen, sie zu überschreiten. Überschreiten heißt umwandeln – es geht um die Umwandlung unserer Begrenzungen und Schwächen in Stärken. Auf diese Weise erheben wir uns über die unfaire Welt und werden nicht mehr von ihr berührt.

Da ‚liebe alle, diene allen, schenke, vergebe und sei mitfühlend‘ die grundlegenden Prinzipien von Ammas Management sind, gibt es kein Problem damit, einem Teammitarbeiter ein Feedback zu geben. Der machtvollste und reizvollste Teil einer solchen Feedback-Sitzung besteht darin, dass Amma wie die anderen Teammitglieder auch Verantwortung für die Situation übernimmt. Sagt jemand etwa: „Es ist alles mein Fehler", lautet Ammas Antwort: „Nein, dein Fehler ist auch mein Fehler. Vielleicht habe ich die Details nicht angemessen beachtet." Statt bei solchen Gegegenheiten die Person oder die Gruppe ins Gebet zu nehmen, sagt Amma ihnen immer, in Zukunft bewusster und wachsamer zu sein. Sie motiviert sie und hilft ihnen dabei, die ganze Angelegenheit unter einem anderen Blickwinkel zu betrachten.

Um diesen Punkt näher zu erläutern, möchte ich einen Vorfall erwähnen. Dieser ereignete sich, lange bevor Kreditkarten eingeführt wurden. Unser Einkaufsteam musste immer Bargeld mitnehmen, um Einkäufe für das NRO-Zentrum zu erledigen. Es bestand aus drei jungen Männern, einschließlich dem Fahrer, der auch ein Bewohner und freiwilliger Helfer war. Bei einer solchen Einkaufstour ging das gesamte Bargeld – eine ziemlich große Summe – irgendwie verloren. Es war entweder gestohlen worden oder sie hatten das Geld irgendwo liegen lassen. Als die jungen Männer zurückkehrten, waren sie nicht mutig genug, Amma unter die Augen zu treten. Sie hatten Angst, Amma würde zornig werden, also verriegelten sie sich schuldbewusst in ihren Zimmern. Doch schon bald wurde jemand zu ihnen geschickt, um sie zu holen. Amma wolle sie sehen, hieß es. Sie kamen voller Furcht und Schuldbewusstsein, doch Amma empfing sie mit einem großen Lächeln. Sie ließ sie neben sich setzen. Sie streichelte sie und sagte: „Nehmt es leicht und macht euch keine Sorgen. So etwas passiert. Es ist nicht euer Fehler. Entspannt euch. Ich bin überhaupt nicht aufgebracht. Hoffentlich ging das Geld an die richtige Person." Die Äußerung war schlicht und bedacht. Ammas fürsorgliche Worte hinterließen bei dem Team einen nachhaltigen Eindruck. Für sie war es, als hätten sie nach einer langen Zeit in

brütender Hitze endlich einen klimatisierten Raum betreten. Sie
waren natürlich berührt und erleichtert.

Als alles sich beruhigt hatte, sagte Amma ihnen: „Fehltritte
kommen vor. Und es macht mir wirklich nichts aus zu vergeben
und zu vergessen. Selbst ein Cent ist sehr wertvoll für mich. Er
ist wie ein Tropfen – und viele Tropfen machen einen Fluss aus.
Jeder Cent muss – mit unseren Bemühungen zu etwas Größerem
geworden – der Gesellschaft als unsere Gabe zurückgegeben
werden. Es gibt drei Arten von Fehlern: Fehler, die sich ereignen,
Fehler, die gemacht werden und Fehler, die absichtlich begangen
werden. Manchmal läuft alles schief, obwohl wir aufpassen und
vorsichtig sind. Das gibt es. Wir haben es ja nicht bewusst oder
absichtlich herbeigeführt. Läuft jedoch etwas aufgrund unserer
Nachlässigkeit schief, ist es ein indirektes Tun. Die dritte Art Fehler werden bewusst begangen. Bei allen drei Arten gibt es Chancen
zur Verbesserung, jedoch nicht unbegrenzt. Ob ein Fehler nun
wissentlich oder unwissentlich begangen wurde, so gibt es doch
einen gemeinsamen Faktor – den Mangel an Achtsamkeit. Es ist
sinnlos, Fehler zu begehen, wenn man die Gelegenheiten, sie zu
korrigieren, nicht nutzt. Seid euch darüber im Klaren." Dieses
Feedback wurde sehr gut aufgenommen.

Die ganze Angelegenheit wurde auf eine freundliche und
doch eindringliche Art und Weise behandelt, jedoch erst, nachdem Amma geholfen hatte, den angespannten Gemütszustand zu
überwinden. Dies war der erste Schritt. Nachdem sie entspannt
und offen waren, wurde die Aufmerksamkeit des Teams auf den
zweiten Schritt gelenkt. Wäre die Reihenfolge umgekehrt gewesen, wäre nicht ein Wort der Instruktionen bei den Empfängern
angekommen, da sie sich in einem Gespinst aus Furcht und
Schuldbewusstsein befanden.

Amma sagt: „Die Vergangenheit ist eine Tatsache. Aus ihr Lehren zu ziehen und Vertrauen in die Gegenwart zu haben, wird uns helfen, uns mit der Zukunft anzufreunden." Tatsächlich ist die Zukunft nichts als das Aufblühen der Gegenwart. Die Zukunft hängt davon ab, wie intelligent wir die Gegenwart handhaben. Man sollte die objektiv unumkehrbaren Fakten hinter sich lassen und sich auf die Zukunft einstellen, indem man ganz in der Gegenwart lebt. Amma macht nicht mit beim Spiel der Schuldzuweisungen, das in der Welt durchaus gängig ist, sie löst eine Konfliktsituation ohne beim anderen Schuld- oder Minderwertigkeitsgefühle hervorzurufen. Ihre ‚Krieger' sind sich dessen vollkommen bewusst und sie sind deshalb Amma gegenüber auch sehr offen. Dadurch kommt selbst das kleinste Detail zur Sprache.

Managementexperten haben festgestellt, dass in vielen Organisationen einer der schwierigsten Bereiche das Geben und Empfangen von Feedback ist. Entweder ist das Feedback unangemessen oder es kommt verspätet; tatsächlich wird Feedback nur selten in den richtigen Zeitabständen gegeben. Furcht vor Kritik, Mangel an Selbstvertrauen, von den eigenen Ideen besessen sein, einem Konkurrenten nicht gegenübertreten wollen oder auch eine tief sitzende Abneigung gegen den direkten Vorgesetzten, dies können Hindernisse dafür sein, dass zur rechten Zeit mit der rechten Einstellung ein konstruktives Feedback gegeben und empfangen wird.

Ein authentisches Feedback besteht nicht in endloser Fehlersuche. Es respektiert und unterstützt die Sichtweise der anderen. Auch teilt man seine Bemerkungen offen und ehrlich mit. Es sollte mehr ein Austausch sein, eine Interaktion und Kommunikation zwischen zwei erwachsenen Menschen oder Gruppierungen. Die Absicht der Interaktion liegt darin, die für das Wohl der Organisation richtige Entscheidung zu treffen. Wenn sich Sender und

Empfänger nicht als Menschen verstehen, die von einem individuellen Standpunkt aus Strategien anbieten und beurteilen und
sich stattdessen als ‚Alleskönner' hinstellen, ist es schwierig, ein
gesundes, konstruktives Feedback zu bekommen.

Dale Carnegie, ein amerikanischer Schriftsteller und Vor-
tragsredner, der viele berühmte Kurse im Bereich von Selbst-
management, Verkaufs- und Firmentraining entwickelt hat,
stellt fest: „Jeder Narr kann kritisieren, verdammen und sich
beschweren ... und die meisten Narren tun das auch."

Amma hat eine eigene Methode, Feedback zu geben und zu
empfangen und es ist ein integraler Bestandteil von allem, was
um sie herum passiert und keinesfalls nur auf ihre Institutionen
und humanitären Programme begrenzt. Jeden Tag spricht Amma
entweder direkt oder telefonisch mit den Leitern der einzelnen
Abteilungen; sie ist immer auf dem Laufenden. Als Empfängerin
ist sie stets offen und hört jedes Wort an, das der Betreffende zu
sagen hat. Wenn es an Amma ist, sich mitzuteilen, analysiert sie
zuerst einmal jeden genannten Aspekt, berücksichtigt alle Kom-
mentare, erwägt das Pro und Contra direkt vor ihrem Team und
stellt somit sicher, dass kein wichtiger Faktor ausgelassen wird,
bevor man eine Entscheidung trifft. Doch weiß sie genau, was
hervorgehoben werden muss und was nicht, welcher Aspekt offen
diskutiert werden kann und was vertraulich ist.

Amma sagt: „Denkt immer daran, zwei Dinge sind von
höchster Wichtigkeit: Wahrheitsliebe und die innere Stärke, ein
Geheimnis für sich behalten zu können. Seid ehrlich, doch gebt
einem anderen gegenüber niemals ein Geheimnis preis." Diesen
Rat bekommen fast alle ihre Teammitarbeiter.

Wenn Amma auch den ganzen Laden zusammenhält, indem
sie die Institutionen und humanitären Aktivitäten unserer NRO
fachkundig leitet, so ist sie dabei doch völlig anspruchslos. Sie

hat kein Problem damit, persönlich mit all den Abteilungsleitern zu sprechen und sie spricht ebenso mit den jüngsten Mitgliedern des Personals, hört ihnen zu und empfängt ihr Feedback. Selbst Menschen, die nur einfache Arbeiten erledigen, können zu ihr kommen, ihr offen von ihren Problemen erzählen und ihre Ansichten äußern.

Ich habe bei mehreren Gelegenheiten mitangesehen, wie Amma gewisse Angelegenheiten mit Schulkindern besprach und ihr Feedback erhielt. Ich habe sie einmal gefragt: „Warum besprichst du mit diesen kleinen Kindern solche ernsten Angelegenheiten?" Amma lächelte und sagte: „Kinder sind klüger als Erwachsene. Oft haben sie brillante Ideen und erzählen lebhafte Beispiele. Unterschätze niemals jemanden. Das Wissen des Universums schießt von überall hervor. Die Suche danach sollte unbegrenzt sein. Klopfe an jede Tür. Du kannst die geheimen Quellen nicht kennen. Äußerlich mag etwas sehr einfach und belanglos erscheinen. Doch schaue hinter die Hülle, möglicherweise findest du sogar einen Schatz dahinter."

Sich an einen festen Arbeitsablauf zu klammern und streng darauf zu achten, dass sich jeder peinlich genau daran hält, lähmt einen Manager und die Funktionsfähigkeit einer Firma oder Abteilung. Disziplin ist wesentlich, doch eine Kombination aus Arbeit und Spaß ermutigt eine offenere Kommunikation. In Ammas Worten: „Das Leben sollte eine vollkommene Kombination aus Disziplin und Spielfreude sein. Seid ernsthaft und spielerisch zugleich. Seid wie ein Büro und ein Wald. Disziplin erwächst aus dem Verstand und Verspieltheit entstammt der Unschuld. Wenn diese beiden Faktoren sich verbinden, entstehen daraus Liebe und Erfolg."

Man stelle sich ein systematisch geordnetes Büro vor, verbunden mit der Schönheit und dem gesunden Gefühl eines erquickenden Waldes – jeder würde sich daran erfreuen. Setzt dies um! Es überrascht, wie selbst die hochnäsigsten und zurückhaltendsten Teammitarbeiter plötzlich aus sich herausgehen. Die normale Atmosphäre in einem Büro ermutigt die Menschen wenig, offen miteinander zu sprechen oder sich kennenzulernen. Es sollten besondere Gelegenheiten für die Teammitarbeiter geschaffen werden, den Arbeitsdruck einmal hinter sich zu lassen und die individuellen Talente zum Ausdruck zu bringen; dies wird einen befreienden und erholsamen Effekt haben. Wenn solche sozialen Zusammenkünfte auf die richtige Weise organisiert sind, können sie der wenig bewussten Verspieltheit und dem Kind in uns in seiner ganzen Fülle und Vitalität Raum geben. Dann vergessen wir unseren sozialen, öffentlichen und familiären Status ebenso wie Überlegenheits- oder Unterlegenheitsgefühle und werden – zumindest für einige Zeit – zu Gleichen unter Gleichen. Dies wiederum steigert den Zusammenhalt, die Kreativität sowie die Leistungs- und Kommunikationsfähigkeit des Teams. Es entwickelt sich ein Gefühl der Einheit.

Amma ist Expertin darin, einen solchen Zusammenhalt zu bewirken. Kanzler, Amma, Vizekanzler, Medizinischer Direktor, Dekane, Leiter von Forschungsteams, Ingenieure, Verwalter, Hausmeister, Kantinenleiter, Bedienung, Reinigungskräfte, Kehrer, Toningenieure, Fachkräfte aus anderen Bereichen, Menschen aus dem Westen und aus Indien – sie alle sitzen zusammen. Die Menschen werden nicht kategorisiert. Amma sagt nicht: „Ich spreche nur mit den Dekanen oder Chefärzten." Sie würdigt die Menschlichkeit in allen und pflegt Kontakt mit all ihren Leuten. Jedes Teammitglied bekommt das Gefühl: „Ich bin ihr am wichtigsten. Sie mag mich wirklich." Dadurch ist jede geistige Blockade aufgehoben und jeder bringt voller Freude sein volles Potenzial in seinen Arbeitsbereich ein und öffnet auf diese Weise alle Fenster, um ein konstruktives Feedback zu geben und zu empfangen.

Diejenigen, die das Leben und seine Geheimnisse kennen, stimmen in einem Punkt überein – dass man ein großes Herz haben sollte, egal was man erreicht hat. Es ist wirklich eine Frage unserer Einstellung zu dem, was wir tun. Mit einer positiven Einstellung wird die Arbeit zum Fest und auch das Lebensgefühl verändert sich.

Wenn Amma in Indien oder im Ausland auf Reisen geht, begleiten sie Hunderte von Menschen in mehreren Bussen und anderen Fahrzeugen. Wir haben alles dabei, unser eigenes Küchenzelt, die notwendigen Utensilien, große Kochtöpfe, Teller, Tassen, Stühle, Lautsprechersystem usw. Sobald die Tourgruppe den Veranstaltungsplatz in der jeweiligen Stadt erreicht hat, bauen die Helfer alles auf und fangen bereits am frühen Morgen zu kochen an. Dies zieht sich bis spät in die Nacht hin. Jemand, der diese Küchen auf Ammas Touren in Indien und im Ausland besucht, kann einen lebhaften Eindruck davon bekommen, wie Arbeit in Verehrung verwandelt werden kann. Diese Küchen sind festliche, fröhliche Orte.

Die Europa- und die Nordindientour finden in der kühleren Jahreszeit, z.T. im Winter statt. An fast allen Orten befindet sich die Küche in Zelten außerhalb des Hauptgebäudes. Doch die Atmosphäre ist ekstatisch; die Menschen singen und tanzen. Für sie fühlt es sich nicht so an, als würden sie arbeiten, obwohl sie wirklich hart arbeiten. Es gibt keine Spannungen. Vielmehr beherrscht ein spielerisches Element die Arbeit, das wie ein Gegengift für jegliche Spannung und Negativität wirkt. Wenn man nach einer logischen Erklärung für solch eine freudvolle Erfahrung fragt, so gibt es, ehrlich gesagt, keine.

Jedes Jahr startet Ammas Nordamerika-Tour in der dritten Maiwoche. Bevor wir abreisen, tut Amma etwas Besonderes für die 3.000 Residenten, die im indischen Zentrum leben. Zusammen mit den Köchen und Bewohnerinnen stellt sie für alle *Masala Dosas* her (Pfannkuchen aus einer Mischung aus Reis- und Kichererbsenmehl, gefüllt mit einem Brei aus Kartoffeln, Zwiebeln und Gewürzen) und Pommes Frites. Das klingt einfach, doch bei näherer Betrachtung erweist sich das Ganze als eine profunde Lektion in Multitasking. Die ganze Veranstaltung findet unter Ammas strenger Aufsicht statt. Alle Utensilien werden am Tag in die große Halle gebracht und aufgestellt. Es gibt riesige Gaskocher, große Dosa-Bratplatten, Spachteln und bronzene Gefäße zum Fritieren der Pommes Frites in kochend heißem Öl.

Unmittelbar nach den Abendgebeten eröffnet Amma die Dosa & Pommes Frites-Party. Neben den Köchen und den Bewohnerinnen backt Amma aktiv mit und überwacht gleichzeitig alle Aspekte der Aufgabe, wie etwa die Menge Öl zum Ausbacken oder die genormte Teigmenge für gleich große Dosas sowie möglichst identische Kartoffelstücke. Andauernd gibt es Ermahnungen, sorgsam darauf zu achten, dass die Dosas und Pommes Frittes nicht zu lange brutzeln. Die Große Halle ist bis auf den letzten Platz gefüllt – mit kleinen und größeren Kindern, Frauen und Männern jeder Altersgruppe und aus allen Teilen der Welt. Einige Leute machen Dosas, während andere Pommes Frites zubereiten.

Alle wollen bei dem Ereignis dabeisein und mithelfen. Manchmal führt die Aufregung zu einem kleinen Problem, was die Disziplin betrifft, vor allem bei den kleinen Kindern. Amma bittet sie dann auf liebevolle Weise, nicht zu nahe an die kochend heißen Pfannen zu kommen. Wenn sie nicht gehorchen, erhebt Amma ein wenig ihre Stimme. Man versteht, sie versucht, die

Kinder zu beruhigen, doch im nächsten Augenblick ist sie mit ihrer Aufmerksamkeit wieder bei den Köchen, um ihnen Instruktionen zu geben. All dies geschieht nebenbei – während sie damit beschäftigt ist, Dosas zu machen oder Kartoffeln zu schneiden. In Kerala ist der Mai der heißeste Monat und die große Halle ist nicht klimatisiert. Zusätzlich zu der Hitze, die sich im Lauf des Tages durch intensive Sonneneinstrahlung aufgebaut hat, wird die Temperatur in der Halle noch durch Hitze, Rauch und das Feuer von den Gaskochern, dem siedenden Öl und den heißen Dosa-Bratplatten beträchtlich gesteigert. Die große Menschenmenge macht es noch schlimmer. Kurzum, die große Halle wird zu einem Glutofen. Doch in der Atmosphäre großer Heiterkeit und einer festlichen Stimmung kümmert sich eigentlich niemand wirklich um die Hitze.

Im weiteren Verlauf des Backens und Bratens beginnt Amma damit, das Essen auszuteilen. Jede Person erhält zunächst einen Masala Dosa und eine kleine Portion Pommes Frites. Ausnahmslos alle Teller gehen durch Ammas Hände. Sogar während sie das Essen austeilt, überwacht sie peinlich genau jedes Detail. Falls sich auf einem Teller weniger Pommes Frites befinden oder ein Dosa ein wenig kleiner ist, bemerkt sie das sofort, schickt den Teller zurück und verlangt eine größere Menge. Somit wird sowohl die Qualität als auch die Quantität einer aufmerksamen Kontrolle unterzogen. Kinder, ältere Menschen oder Leute mit Magen- oder anderen Problemen bekommen einen Extra-Teller, entsprechend dem Alter und Appetit. Dadurch wird Verschwendung ausgeschlossen.

Diese Anti-Verschwendungspolitik ist normal in allen Amma-Institutionen. ,Keine Verschwendung' ist eines ihrer am meisten geschätzten Mottos. Wie in allen Bereichen von Verwaltung und Management achtet sie auch hier darauf, dass dieses Motto befolgt wird. „Denkt immer daran, es gibt Millionen Menschen, die in Armut und Hunger leben. Denkt an ihr Leid und ihre traurigen Gesichter. Wenn ihr auch nur einen Bissen an Nahrung verschwendet, nehmt ihr ihnen das weg, was ihnen rechtmäßig zusteht. Und wenn ihr mehr nehmt, als ihr benötigt, stehlt ihr das, was eigentlich ihnen gehört."

Am Ende der ‚Dosa & Pommes Frites-Party' singt Amma mit allen zusammen ein paar Lieder. Normalerweise würde man die Tatsache, dass Tausende von Menschen – aufgrund der Hitze in Schweiß gebadet – an einem überfüllten Ort zusammensitzen, als eine körperliche Tortur betrachten. Hier jedoch genießt jeder und jede Einzelne – Menschen aller Altersklassen, Kulturen, Glaubensbekenntnisse, Nationalitäten und Sprachen – dieses Erlebnis. Es ist wahrhaft eine festliche Atmosphäre und niemand beklagt sich über die Unbequemlichkeiten.

Für Tausende Menschen zu kochen, auf Qualität und Menge zu achten und das Essen auszuteilen, während all dies passiert, ist ein kein leichtes Unterfangen. Hier jedoch wird man Zeuge davon, wie Arbeit zu einer Form der Anbetung, zu einem Ereignis und einem Fest wird. Die Menschen sprudeln über vor Freude. Es ist, als ob man dem bezauberndsten Tanz zuschaut.

Man kann die Sache in einem Satz zusammenfassen: „So ist es, wenn das Herz dabei ist."

Die Lehre ist folgende: Wenn man Dosas, Pommes Frites oder Pizzen zubereiten will, ist es wichtig, ein guter Koch zu sein. Wenn man Kinder hat, sollte man eine gute Mutter oder ein guter Vater sein. Wenn man spricht, sollte man ein guter Redner sein und wenn andere das Wort ergreifen, sie nicht daran hindern und gut zuhören. Wenn man im Büro ist, sollte man ein hervorragender Manager sein. Die Belange des Managements umfassen die Mikro- als auch die Makro-Ebene. Darin steckt weder Neues noch Übermenschliches oder Übernatürliches. Es ist einfach die Art, wie man das Leben handhaben sollte. Dies ist genau das, was Amma tut.

Ein reicher Mann besuchte einmal einen großen Meister. Vor der Hütte des Meisters befand sich ein Garten, in dem er einen Mann erblickte, der mit Gartenarbeit beschäftigt war. Der wohlhabende Mann fragte ihn: „Können Sie mir sagen, wer Sie sind?" „Das ist doch offensichtlich, oder nicht? Ich bin ein Gärtner", antwortete er. Der reiche Mann sagte: „Das sehe ich schon. Ich bin hier, um Ihren Meister zu treffen." – „Welchen Meister? Ich habe keinen." Der reiche Mann dachte bei sich, es sei sinnlos, mit diesem Menschen weiter zu reden. Doch um die Unterhaltung zu beenden, fragte er den Mann im Garten: „Aber Ihnen gehört doch dieses Grundstück, nicht wahr?"

„Vielleicht", kam die Antwort. Der reiche Mann kam herein. Die Hütte stand etwas entfernt vom Gartentor. Die Haustür war offen. Drinnen saß in ruhiger und gelassener Stimmung der Gärtner. Der überraschte Mann fragte: „Sind Sie nicht dieselbe Person, die ich eben am Tor getroffen habe, oder sind sie vielleicht sein Zwillingsbruder?" – „Vielleicht", antwortete der ‚Gärtner'. Der reiche Mann sagte: „Wer ist dann dieser Mann, der die Gartenarbeit macht?"

„Wer anders als ein Gärtner?"

Angesichts der misslichen Lage des reichen Mannes klärte der Meister ihn auf: „Kein Grund, verwirrt zu sein. Sie sahen nicht zwei verschiedene, identisch aussehende Menschen. Es war vielmehr ein und dieselbe Person, die zwei verschiedene Aufgaben erledigte. Ich bin ein Gärtner, wenn ich Gartenarbeit verrichte, und ein Meister, wenn ich meine Schüler unterweise. Manchmal spiele ich Golf. Bei dieser Gelegenheit bin ich ein perfekter Golfspieler. Was immer ich auch tue, ich werde zu dem, was ich tue."

Dies genau meint Amma, wenn sie sagt: „Erweckt das Kind in eurem Innern." Ein Kind bleibt immer es selbst, wenn es sich von Augenblick zu Augenblick bewegt. Wenn die reine Energie der Liebe das Kind in euch erweckt, werdet ihr niemals die Geduld verlieren. Wenn ein Kind laufen lernt, gibt es nicht auf. Wie oft es auch hinfallen mag – die Entschlossenheit und Zuversicht des Kindes versagen nie. Nach jedem Fall strengt es sich mehr an und fährt unverdrossen mit dem Üben fort.

KAPITEL ZWÖLF

Und noch eine ‚Glückspyramide'

Kürzlich las ich einen Artikel von Justin Fox – er ist der Chefredakteur der *Harvard Business Review Group* und auch als Wirtschaftskolumnist für das *Time Magazine* tätig. Der Artikel war kurz, doch sehr geschmackvoll und gut gewürzt geschrieben – fast wie eine Fabel. Es ging um eine Begegnung mit dem verstorbenen Managementexperten C.K. Prahlad. Einen Monat, bevor Prahlad starb, hatte Fox ein Treffen mit ihm in New York. Sie unterhielten sich beim Mittagessen und Fox notierte sich eine Zusammenfassung der Ideen, die Prahlad ihm mitgeteilt hatte. Eines Tages reinigte der Schriftsteller gründlich seinen Rucksack, da kamen mehrere vollgekritzelte Seiten zum Vorschein, die von der Konversation stammten, die sie seinerzeit beim Mittagessen geführt hatten. Der Managementexperte Prahlad war zu diesem Zeitpunkt bereits verstorben. Fox rekapitulierte einige von Prahlads Ideen wie folgt:

„Um 1850 kostete eine Nähmaschine mehr als 100 Dollar. Angesichts des jährlichen Durchschnittseinkommens einer amerikanischen Familie von etwa 550 Dollar war eine Nähmaschine in der Regel unerschwinglich. Kurze Zeit später, im Jahre 1856, führte die Firma I.M. Singer das Ratenzahlungssystem ein, wodurch es den Käufern möglich wurde, die Maschinen nach und nach abzubezahlen. Dadurch verdreifachten sich die Verkaufszahlen bereits nach einem Jahr. Singer wurde das erste Unternehmen in den USA, das seine Produkte weltweit verkaufte. Sein Ratenzahlungsplan bereicherte und verbesserte das

Leben der Kunden. Er fasste es zusammen in dem Aphorismus: ‚Wenn du für die Armen produzierst, können auch die Reichen kommen. Wenn du nur für die Reichen produzierst, können die Armen nicht kommen.' Dies nannte er ‚*das Glück am unteren Ende der Pyramide*', ein innovatives Geschäftsmodell. Der Kern dieses Geschäftsmodells lautet: ‚Verdiene Geld, indem du für die Bedürftigsten der Welt produzierst.'" Bezugnehmend auf Prahlads Buch ‚*Das Glück am unteren Ende der Pyramide*', gab Fox seinem Artikel den Titel ‚*Das Glück am unteren Ende meines Rucksacks.*' Es war ein Wortspiel mit Prahlads Buchtitel und bezog sich auf den Wert der Notizen, die der Autor tief unten in seinem Rucksack wiedergefunden hatte.

Inwieweit trifft die Aussage des Experten zu, dass es wichtig sei, für die Armen zu produzieren, damit die Reichen kommen können?

Amma hat eine ganz andere Perspektive. Sie bewirkt eine Verwandlung auf Seiten der Reichen, damit sie den Armen dienen können. Amma sagt: „Wenn die reichen Menschen auf unserer Welt mehr Mitgefühl entwickeln, wird das den Bedürftigen sehr von Nutzen sein. Da die Reichen ein enormes Vermögen und die erforderlichen Ressourcen besitzen, werden sie sicherlich gewillt sein, den Armen zu helfen, vorausgesetzt sie ändern sich." Amma bewirkt diese Transformation bei den ‚Wohl-Habenden' und hilft dadurch den ‚Habe-Nichtsen'.

Amma sagt: „Es gibt zwei Arten von Armut auf der Welt. Die eine besteht in der Armut an Liebe und Mitgefühl, die andere ist die Armut in Bezug auf Kleidung, Nahrung und Unterkunft. Wenn wir Liebe und Mitgefühl entwickeln, geben wir spontan den anderen Nahrung, Wohnungen, Kleidung etc. und retten sie auf diese Weise. Aus diesem Grunde ist die Armut an Liebe der größte Feind und muss ausgemerzt werden." Ammas Ziel im

Umgang mit Menschen und besonders bei ihrer Umarmung ist es, reine Liebe und Mitgefühl zu wecken.

Basierend auf den Erkenntnissen der alten indischen Weisen hat auch Amma ein Modell für eine ‚Glückspyramide‘ anzubieten. Diese Pyramide steigt auf ein sehr viel höheres Niveau von ‚Glück‘ an, zu einem Wohlstand, der einen größeren inneren Reichtum gewährt als es äußeres Glück je vermöchte. Ein außergewöhnliches Merkmal dieses vollkommenen Modells besteht darin, dass wir unermessliche Freude und Zufriedenheit haben können, selbst wenn wir nichts besitzen. Ein weiterer großer Vorteil dieses ‚Glück‘ zu erreichen ist, dass sowohl unsere Erfolge wie auch Misserfolge ein Anlass zum Feiern werden.

Man sollte dies nicht missverstehen und glauben dieses Modell führe zu Verlust, Versagen und Bankrott; das wird es nicht tun. Stattdessen führt es zu materiellen und spirituellen Höhen.

Es gibt ein ‚Glück‘ auch am unteren Ende dieses ‚Pyramiden‘-Modells. Amma sagt: „Ebenso wie eine Pyramide besitzt auch das menschliche Leben vier Seiten: *Dharma, Artha, Kama* und *Moksha* — das Streben nach Tugend, das Streben nach Geld, das Streben nach Vergnügen und das Streben nach Befreiung." Diese vier machen die Grundsteine des menschlichen Lebens aus. Sie sind für das Überleben des Einzelnen von entscheidender Bedeutung. Verdiene Geld und genieße Vergnügungen, doch tue es im Einklang mit dem Gesetz des Universums, Dharma. Lebe im Einklang mit diesem Gesetz. Dies wird zu dauerhaftem Glück und vollkommener Freiheit führen. Wenn man die beiden Modelle vergleicht, wird man feststellen, dass das von den alten Sehern empfohlene Modell dem anderen Modell weit überlegen ist, denn zusätzlich zu den materiellen Zielen, die wir erreichen, erlangen wir auch einen gelassenen und friedvollen Geisteszustand.

Mr. Ron Gottsegen war ein erfolgreicher und etablierter amerikanischer Geschäftsmann, als er Amma 1987 auf ihrer ersten Amerikareise begegnete. Er war der Gründer der Aktiengesellschaft *Radionics,* die digitale Alarmsysteme herstellt. Tatsächlich war er der Erfinder des ersten programmierbaren elektronischen Sicherheitssystems. Mit seinen eigenen Worten: „Ich hatte den Drang, mich selbst zu beweisen, erfüllt, unabhängig und fern der Familie. Das Geschäft bot keine Herausforderung mehr. Der finanzielle Erfolg war für mich ziemlich rasch und mühelos gekommen, obwohl er nicht mein eigentliches Ziel war und auch meinen Lebensstil nicht beeinflusste. Ich habe, indem ich eine Firma von hoher Qualität aufbaute, die zu einem der führenden Industrieunternehmen wurde, meine Kreativität ausgelebt. Romantische Beziehungen erwiesen sich als nicht zufriedenstellend, sie waren immer eine Quelle des Unbehagens, bis ich an dem Punkt anlangte, an dem ich das Alleinsein vorzog. Doch ich war emotional unreif, da ich meine wahre Natur nicht verstand. Ich war seit etwa 15 Jahren geschieden und sorgte für zwei Jungen im Alter von 11 und 13 Jahren."

Mit Amma begann für Ron eine große Wandlung. Sein Leben entfaltete sich, bis er einen gewissen Punkt der Erkenntnis erreichte. Er sagt: „Ich nehme an, mein Schicksal war vorherbestimmt, doch ich denke, die ersten 40 Jahre meines Lebens brachten mich an den Punkt zu erkennen, dass die herkömmlichen materiellen Werte und Versuchungen für mich keinen Glanz mehr hatten."

Am besten ist es, den Rest der Geschichte mit Rons eigenen Worten zu schildern: „Es war mir nie möglich zu einem tieferen Verständnis der Dinge vorzudringen, weder meine alten psychischen Wunden zu heilen, noch die gewohnheitsmäßigen Muster meines Denkens und Verhaltens herunterzufahren und die geerdete zentrierte Stille in mir zu finden. Doch in den nächsten 26 Jahre meiner Beziehung mit Amma wurde ich fähig mein Verständnis zu vertiefen, mit alten Verhaltensmustern zu brechen und die guten Eigenschaften zu verstärken. Am wichtigsten ist, dass der liebende Dienst für Ammas Werk den größten verwandelnden Einfluss hat, da er meine Intuition vertieft und der Weisheit ermöglicht, sich zu manifestieren. Im selben Maße, wie mein Glaube und meine Überzeugung größere Festigkeit erlangten, nahm meine innere Stärke zu, bis ich schließlich einen Zustand großer Freude erreichte. Dies ist für mich eine überaus produktive Periode. Ich weiß nicht, was die Zukunft bringt, doch das ist auch nicht wichtig, da ich fühlen kann ich bin im Fluss. Ich werde ewig dankbar sein für das, was ich habe und immer noch empfange."

Unser Verlangen mehr und mehr Geld zu verdienen, dieses unersättliche Begehren, ist ein Zeichen unseres subtilen inneren Wunsches, uns zu erweitern. Obwohl es sich im Wunsch nach Reichtum ausdrückt, ist es in Wirklichkeit ein Zeichen für unser Selbst, dessen Natur Glückseligkeit ist. Wir suchen das Glück im außen, doch tatsächlich befindet es sich innen. Deshalb werden uns die materiellen Dinge, die wir erreichen, niemals wirklich glücklich machen können.

Geld und Glücklichsein können gleichzeitig friedlich und miteinander in Einklang bestehen. In keinem religiösen Text und nirgends in den heiligen Schriften war jemals die Rede gegen Geld. Diese Idee wird sogar lebhaft in einer der wichtigen Upanishaden, der *Taittiriya Upanishad*, ausgeführt. Der Text spricht über den Erwerb von vier Dingen: Reichtum, geistige Reinheit, Erkenntnis und Schüler.

Reichtum wird als erster Punkt auf der Liste aufgeführt, doch die Upanishad sagt auch: „Danach bringe *Lakshmi Devi* (die

Göttin des Wohlstandes) zu mir." Das Wort ‚danach' bedeutet hier: ‚Nachdem ich Weisheit erlangt habe.' Geld sollte erst kommen, nachdem man Kenntnis über Dharma – den ethischen Grundkodex – erlangt hat, andernfalls wird es einen ins Verderben und in den Untergang führen. Vor allem in den reichen Ländern besteht ein großes Problem darin, dass die Menschen nicht wissen, wofür sie das Geld verwenden sollen und wofür nicht. Die genannte Schrift gibt in dieser Angelegenheit klare Richtlinien.

Die Rangordnung der oben angeführten vier Dinge hat eine Bedeutung: Zuerst erwerbe man Geld, denn es ist erforderlich, um zu leben und in seinem Bereich tätig zu sein. Außerdem sollte der Reichtum zum Wohl der Allgemeinheit verwendet werden. Es gilt das rechte Verständnis oder die Weisheit zu erlangen, wie man das Geld für den rechten Zweck verwendet. Wenn man Reichtum selbstlos gebraucht – für die Besserstellung der Gesellschaft – führt dies zu einem reineren Geist. Mit diesem geläuterten Geist können wir wahre Erkenntnis über das Leben und über das höchste Ziel erlangen. Schließlich sollten wir auch andere darin unterweisen die Tradition der Rechtschaffenheit *(Dharma)* zu bewahren.

Das Wissen um Dharma macht Amma eindeutig zu einer spirituellen Führerin. Ihr Grundsatz lautet: „Gebt jeden einzelnen Cent, den ihr erhaltet, der Gesellschaft zurück. Erstattet ihn mit den höchstmöglichen Zinsen. Das lässt uns jederzeit erfüllt bleiben." Sie verhält sich gemäß ihrer Lehre. Selbst ihr Körper ist zu einer Gabe an die Gesellschaft geworden. Mit ihren eigenen Worten: „Der Körper wird eines Tages zugrunde gehen. Statt also ‚rostig' zu werden, ohne ein gutes Werk zur Aufrichtung der Gesellschaft zu tun, ziehe ich es vor mich der Welt darzubringen und zu verschleißen. Der Tod ist nicht die größte Tragödie;

sie besteht vielmehr darin einfach dahinzurosten, ohne unsere Fähigkeiten zu nutzen. Da alles ein Geschenk des Universums ist, haben wir selbst nichts zu beanspruchen. Das beste, was wir tun können, ist es dem Universum zurückzugeben, damit Körper, Geist, Verstand und Reichtum zu einem guten Instrument werden und der ganzen Menschheit dienen." Die verstorbene Ms. Yolanda King, Tochter von Martin Luther King Jr. und Direktorin des *Martin Luther King, Jr. Center* (USA), war eine große Bewunderin Ammas. Die folgende Aussage bringt ihren Eindruck von Amma auf den Punkt: „Ich schätze bei Amma am meisten, dass sie nicht nur redet und eine Verkörperung bedingungsloser Liebe ist, sondern diese Liebe durch ihre Taten ausdrückt. Sie praktiziert, was sie lehrt. Amma ist selbst die Veränderung, die sie in unserer Welt verwirklicht sehen möchte."

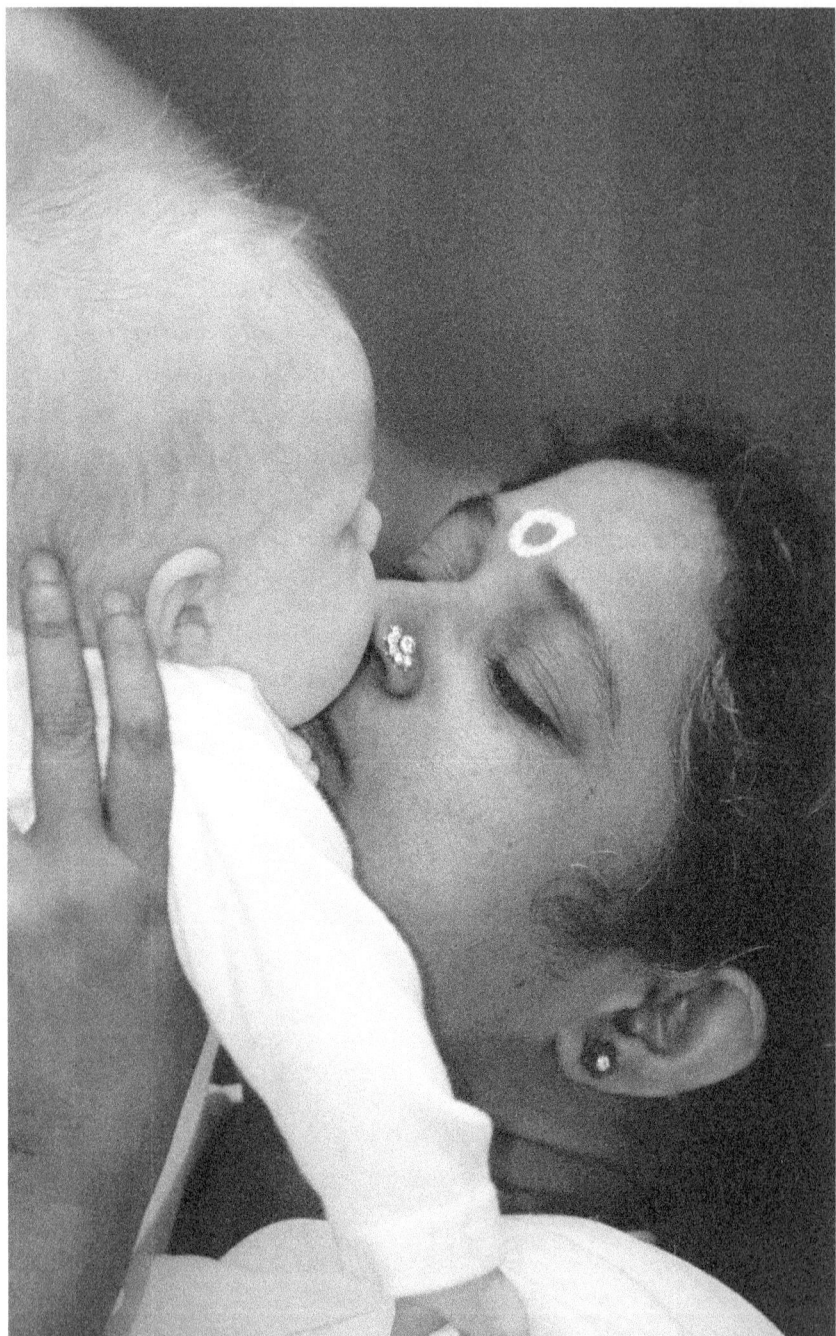

KAPITEL DREIZEHN

Die Kraft der Verehrung

„Ebenso wie ein Feuer von Rauch verhüllt und ein Spiegel mit Staub bedeckt ist, ebenso wie ein Embryo tief im Mutterleib ruht, so wird die Weisheit durch selbstsüchtiges Begehren verborgen."

—Bhagavad Gita

„Weder Feuer, Nässe noch der Wind können den Segen guter Taten zerstören, und Segnungen sind es, die die ganze Welt erleuchten."

—Buddha

An manche Menschen erinnert man sich wegen ihrer Grausamkeit und ihres unmenschlichen Verhaltens, während andere aufgrund ihres unerschütterlichen Mutes und ihres Patriotismus im kollektiven Gedächtnis verbleiben. Einer Handvoll erinnert man sich, weil sie über beispielhafte Führungseigenschaften verfügten. Doch äußerst selten sind jene, die als ein Leitstern für die Welt ins Gedächtnis der Menschen eingehen, die unaufhörlich Engelskreise schafften, deren furchtlose Haltung und ungeteilte Liebe der ganzen Menschheit galten. Weder Menschen, noch der Lauf der Zeit können ihren Ruhm und ihren Glanz zerstören.

Wie die Bhagavad Gita zu Recht sagt:

*„Wer stets die gleiche Einstellung hat gegenüber gutherzigen
Menschen, Freunden, Feinden, Gleichgültigen, Neutralen,
Hasserfüllten, Verwandten, Gerechten wie Ungerechten, der
ist unübertroffen."*

Eine andauernde Wirkung in den Herzen der Menschen hervorzurufen und ein Erbe von Respekt und Inspiration für
zukünftige Generationen zu hinterlassen, ist kein Pfad, der mit
Blumen bestreut ist. Wäre dieser Pfad einfach zu beschreiten,
hätten ihn zahlreiche Menschen mit Freude betreten. Doch dies
ist ein entbehrungsreicher, harter Weg. Man ist mehr mit Misserfolg und Kritik konfrontiert als dass man erfolgreichen und
glücklichen Augenblicken genießt. Kleingeister werden solche
großherzigen und versöhnlichen Menschen niemals verstehen.
Diese strahlenden Beispiele haben zu allen Zeiten demütigende
Situationen zu überstehen. Doch ihre Lebensanschauungen und
das Wertesystem, dem sie folgen, sind fest und unbeirrbar wie
ein mächtiger Berg. So vertieft jede Herausforderung, der sie zu
begegnen haben, ihren Glauben und verleiht ihren Handlungen
größere Stärke, was sie befähigt, die Mission, die sie sich zum
Ziel gesetzt haben, zu erfüllen.

Amma sagt: „Bildung, der Erwerb von Kenntnisse, Wissenschaft und Technologie lassen uns zwar unvorstellbare Stufen
erklimmen, doch wenn hieraus eine geistig und emotional unreife
Generation erwächst, die keinen Sinn für Unterscheidungsvermögen und Respekt besitzt, wäre das wirklich katastrophal. Wenn ihr
mich fragt: ‚Was ist wichtiger, Rechte oder Respekt?', so ist meine
Antwort: ‚Seine Rechte auf respektvolle Weise wahrzunehmen ist
am allerwichtigsten.' Doch seinem Recht Geltung zu verschaffen,
ohne andere zu respektieren, wird nur zu einem größeren Ego
führen. Wenn wir unsere Rechte dagegen auf respektvolle Weise
einfordern, dann werden unsere Liebe, unser Verständnis und

unser Vertrauen eine Brücke zu anderen Menschen bauen. Unsere Kommunikation wird nur dann zu einem echten Dialog, wenn wir den anderen mit einem Respekt begegnen, dessen Wurzeln tiefes Verständnis und die Bereitschaft zur Anerkennung unterschiedlicher Auffassungen sind."

Im Jahre 2001 verwüstete ein Erdbeben den westlichen Teil des indischen Bundesstaates Gujarat. 20.000 Menschen starben, die meisten Überlebenden verloren ihre Häuser. Unsere NRO reagierte schnell und adoptierte drei Dörfer in einem abgelegenen Gebiet namens Bhuj. Als wir dort ankamen, waren die Leute besorgt, wir würden versuchen, ihre Kultur, Religion und ihren Lebensstil zu beeinflussen. Wir erklärten ihnen geduldig, dass unsere Absicht nur war, ihre Dörfer so wieder aufzubauen, wie sie es wünschten. Es endet damit, dass wir 1.200 Häuser für die Opfer bauten und auch Tempel, Moscheen, Kirchen und andere Gebetshallen.

Drei Jahre später, beim Tsunami 2004, wurde das Küstengebiet am Arabischen Meer, wo sich auch das Zentrum unserer NRO befindet, überflutet. Sobald die Leute aus Bhuj davon hörten, ließen Hunderte von ihnen alle kulturellen oder religiösen Unterschiede fallen und machten sich auf um uns bei der Versorgung der Opfer zu helfen. Als Journalisten sie fragten, warum sie den langen Weg von Nord- nach Südindien auf sich genommen hätten, antworteten sie: „Als wir mit Leiden und Verlusten zu kämpfen hatten, versuchte Ammas NRO nicht, unsere Kultur, unsere Religion oder Lebensart zu verändern. Teilnahmsvoll gaben sie uns das, worum wir baten. Wir sind für immer in ihrer Schuld."

Die Lebensart dieser Leute ist sehr von der in Kerala verschieden, sie haben andere Traditionen und Essgewohnheiten. Die Tatsache, dass unsere NRO ihre Traditionen respektierte und anerkannte, inspirierte sie dazu, der Gesellschaft mit ganzem Herzen etwas in ähnlicher Weise zurückzugeben. Wann immer sich seither in Indien eine Naturkatastrophe ereignete, erschienen diese Dorfbewohner aus Bhuj am jeweiligen Schauplatz, um unsere Freiwilligen zu unterstützen.

Ähnliche Erfahrungen hatten wir mit einigen Stammesangehörigen in Kerala und in anderen Bundesstaaten. Ehrenamtliche Helfer aus unserer NRO kamen in ihre Dörfer, lebten bei ihnen und gewannen ihr Vertrauen. Wir waren in der Lage ihre Probleme zu verstehen und ihnen bei deren Lösung zu helfen. Sie waren so berührt davon, dass wir ihnen helfen wollten und gleichzeitig ihre Lebensart respektierten, dass sie ihrerseits der Gesellschaft etwas zurückerstatten wollten und damit begannen, mehr Gemüse anzubauen, um es den Armen zu geben.

Ich möchte wiederum Amma zitieren: „Es ist nicht damit getan, den Diabetespatienten Insulin zu verabreichen. Sie müssen auch lernen, richtig zu essen und sich genügend zu bewegen, um ihren Blutzuckerspiegel unter Kontrolle zu halten. Ähnlich verhält es sich bei der Armut. Die Regierungen streben danach, die Armut zu reduzieren, doch es reicht nicht aus, sich nur um die materiellen Bedürfnisse im Bereich Nahrung, Kleidung und Wohnraum zu kümmern. Wir müssen uns auch um Nahrung für den Geist kümmern. Die Nahrung der Seele ist Liebe. Und wo Liebe ist, gibt es auch Verehrung. Die Ursache für 90 % aller Probleme in der heutigen Welt ist der Mangel an Liebe, Mitgefühl und Vergebung. Ebenso wie der Körper Nahrung braucht, um zu wachsen, braucht die Seele Liebe, um zu wachsen und sich zu entfalten. Aus solcher Liebe entsteht eine Haltung der Ehrfurcht. Dies allein ist unsere Hoffnung für die Zukunft."

Ein bekannter Spruch aus den alten indischen Schriften lautet:

Matru Devo Bhava, Pitru Devo Bhava,
Acharya Devo Bhava, Athithi Devo Bhava.

Betrachte die Mutter als Gott,
betrachte den Vater als Gott,
betrachte den Lehrer als Gott
und betrachte den Gast als Gott.

Manche privaten Fluggesellschaften in Indien sprechen ihre Passagiere als ‚Gäste' an, wodurch ein gastfreundlicher Grundton in die Begrüßung hinzukommt. Wenn wir Gäste bei uns zu Hause empfangen, gehört es zur Gastfreundschaft sie mit Liebe und Respekt zu behandeln, nicht wahr? Man stelle sich nun folgendes vor: Egal, ob wir unser Geschäft in einem gemieteten oder unserem eigenen Bürogebäude führen, es ist in jedem Fall unser Platz. Die Angestellten, die in diesem Gebäude arbeiten, werden bezahlt, doch sind sie nicht eigentlich unsere Gäste? Wir haben sie eingeladen, auch wenn die Einladung hier die Form eines Arbeitsvertrags hat. Wenn wir die Situation aus diesem Blickwinkel betrachten, sollten wir nicht alle unsere Angestellten mit Liebe und Respekt behandeln? Ist das nicht ein Teil der Arbeit? Ich möchte hier nicht anregen, dass jeden Tag Unterhaltungsevents, Feste oder Kennen-Lern-Partys stattfinden sollten oder Firmeninhaber, Manager und Angestellte einander in Sitzungen täglich ihr Herz ausschütten. Mein Ansatzpunkt ist der, dass wir versuchen sollten, die Anwesenheit der Mitarbeiter wertzuschätzen, anstatt sie nur als bezahlte und fähige Fachkräfte anzusehen. Wann immer sich die Gelegenheit ergibt, ist es gut, gegenüber den Mitarbeitern herzlich seine Dankbarkeit auszudrücken, dafür dass sie mitarbeiten und ein paar anerkennende Worte zu verlieren. Eine liebevolle Nachfrage, wie es ihrer Familie geht, kann eine große Auswirkung haben.

In größerem Ausmaß sehe ich dies in Ammas Leben verwirklicht. Selbst angesichts einer sehr großen Menschenmenge konnte ich beobachten, wie Amma sich um das Wohl der ganzen Menge sorgt, besonders um ältere oder kranke Teilnehmer. Sobald sie mit dem Darshan begonnen hatte, fragte sie diejenigen, die in ihrer Nähe arbeiten: „Habt ihr sichergestellt, dass man sich gut um die älteren und kranken Leute kümmert? Weist die Helfer an, dass sie Priorität beim Darshan haben. Sorgt für ihre Mahlzeiten und bittet ihre Verwandten, ihnen zur rechten Zeit ihre Medizin zu geben, vor allem Patienten mit Diabetes und hohem Blutdruck. Auch Mütter mit kleinen Kindern sollten bevorzugt werden." Meistens nimmt sie selbst das Mikrophon in die Hand und macht diese Durchsagen. Auch wenn es am Tag einmal sehr heiß oder in der Nacht sehr kalt ist, gibt Amma sofort entsprechende Anweisungen, einen Sonnenschutz anzubringen bzw. Wärmelampen anzuschalten.

Jim Sinegal, der Gründer, ehemalige Geschäftsführer und Vorsitzende von *Costco,* machte die Firma zur drittgrößten Einzelhandelskette in den USA. Er war berühmt für die faire Art, mit der er seine Mitarbeiter behandelte. Er schuf ein Modell, das die Mitarbeiter ansehnlich entlohnte, sogar in Zeiten, wenn seine Konkurrenten die Bezüge der Angestellten kürzten. Costco ist bekannt für die überdurchschnittliche Bezahlung von Warenhaus-Mitarbeitern. Das Ergebnis ist eine geringe Fluktuation, geringe Einarbeitungskosten und eine familiäre Stimmung in der Firma. Sie brauchen nicht viel für die Anwerbung neuer Mitarbeiter zu tun, da die Mitarbeiter gern im Familien- und Freundeskreis die Information weitergeben. 86 % der Angestellten sind krankenversichert und erhalten Sozialleistungen, obwohl die Hälfte von ihnen Teilzeitarbeiter sind; der durchschnittliche Stundenlohn beträgt 19 Dollar. Während der Rezession gab es bei

Costco keine betriebsbedingten Kündigungen. „Es ist eigentlich ziemlich einfach. Es ist gute Geschäftsführung. Wenn man gute Leute einstellt, gute Jobs, gute Bezahlung und Karrierechancen anbietet, dann laufen die Dinge auch gut", sagt Sinegal. „Wir versuchen mit allem, was wir tun, die Botschaft von Qualität zu vermitteln und wir glauben, dass dies bei den Mitarbeitern anfängt. Es nutzt nicht viel, ein Qualitätsimage zu haben – sei es bei der Einrichtung oder bei den Artikeln – wenn man nicht gleichzeitig hervorragendes Personal besitzt, das sich richtig um die Kunden kümmert."

Sinegal selbst war ein gutes Beispiel für Bescheidenheit. Sein Büro befand sich im Korridor der Zentrale von Costco in Issaquah im Bundesstaat Washington. Es gab keine Tür, die er hätte schließen können. Es gab nicht einmal eine Glaswand zwischen ihm und dem Rest des Personals. Alle konnten jederzeit vorbeikommen und mit ihm plaudern. Auch gab er bereitwillig seine Handynumer weiter, während die meisten Geschäftsführer die Leute bei ihrer Sekretärin anrufen lassen, die dann die Telefonate durchstellt. Es gab keine Sekundantenschicht um ihn herum. Obwohl Sinegal ein 76 Milliarden schweres Einzelhandelsimperium leitete, war er ehrlich, geradeheraus und bodenständig. Sein Schreibtisch war ein billiger, resopal-beschichteter Klapptisch (ein Verkaufsartikel von Costco). Nichts Besonderes für diesen Mann. Das Wichtigste jedoch war vielleicht das Folgende: Da er seine Angestellten und Kunden so sehr wertschätzte, war er jederzeit offen für ihre Anregungen, in welcher Weise er ihnen dienen konnte.

Zum Thema Zeitmanagement: Wie können wir in der heutigen arbeitsreichen Welt die Zeit finden, allen, mit denen wir zusammenarbeiten, Zuwendung und echten Respekt zu zeigen? Amma ist eine der meistbeschäftigten Personen auf der Welt. Sie arbeitet sieben Tage die Woche, 365 Tage im Jahr. Sie arbeitet rund um die Uhr, ohne einen einzige Tag abzuschalten. Selbst nachdem sie stundenlang Darshan gegeben hat, findet sie nachts, wenn sie sich in ihr Zimmer begeben hat, noch die Zeit, Briefe zu lesen, mit Mitarbeitern zu telefonieren, die mit verschiedenen humanitären Aktivitäten beschäftigt sind, und neue Projekte zu planen oder zu diskutieren.

Reife hat nichts mit dem Alter zu tun. Es gibt einen Unterschied zwischen hohem Alter und altern. Ein hohes Alter bedeutet, dass die im Leben angesammelten belastenden Gefühle durch Kontemplation überwunden und gelöst wurden. Wir alle sollten täglich einige Zeit aufbringen und verletzte Gefühle oder unverheilte Wunden ins Gedächtnis zurückrufen, die uns von einem nahestehenden Menschen oder anderen Personen zugefügt wurden. Visualisiert den Menschen und stellt euch selbst mit einer wunderbar duftenden Rose in der Hand vor. Stellt euch dann vor, dass die Schönheit der Rose euer Herz und eure Seele erfüllt. Bringt dann die Rose der Person mit einem stillen Gebet dar: „Möge sich mein Leben wie diese Blume öffnen", und sagt: „Ich vergebe dir. Bitte vergib auch mir, wenn ich mich falsch verhalten habe."

Die Weisheit wächst allmählich, wenn wir über unsere negativen Gefühle die Oberhand gewinnen und sie assimilieren. Dieses Sich-Erheben über die Vergangenheit ist unter dem Namen ‚Hohes Alter' bekannt. Es stellt sich ein, wenn wir Reife erlangt haben. Wenn diese Umwandlung nicht stattfindet, altern wir einfach nur. Es ist jedoch töricht, so lange zu warten, um Weisheit und Reife zu entwickeln. Wenn wir möchten, können sie sich schon zu einem früheren Zeitpunkt im Leben einstellen. Amma sagt dazu: „Ebenso, wie wir nach dem Kindergarten zur Schule gehen und ebenso, wie wir essen und schlafen, sollte das

Verinnerlichen und Praktizieren von Werten ein wesentlicher Bestandteil unseres Lebens werden."

Nur ein reifer Vorgesetzter wird in der Lage sein, seinem Team mit Respekt zu begegnen und seine Leute zu lieben. Respekt und echtes Interesse sind die beiden Haupteigenschaften einer guten Personalführung. Viele junge Führungskräfte haben brilliante Ideen. Sie sind voller Leben und Enthusiasmus. Sie haben die Fähigkeit, die Welt zu verändern. Doch sollten sie anderen gegenüber auch Respekt zeigen. Unglücklicherweise ist Respektlosigkeit ein Erkennungsmerkmal vieler Jugendlicher.

Amma sagt: „Die Jugend ist die Mitte des Lebens. Man ist weder Kind noch Erwachsener. Junge Leute haben unvorstellbare Energie. Wenn diese richtig kanalisiert wird, können sie ihren Geist schulen und so Zugang zu der unbegrenzten Energie gewinnen, die im Augenblick verfügbar ist. Traurigerweise verschwindet das Gesicht der Jugend des menschlichen Lebens immer mehr. In der heutigen Welt gehen die Menschen von der Kindheit direkt ins Stadium des höheren Alters über, ohne Reife zu erlangen. Dieser Mangel an Reife blockiert die Entwicklung von Liebe und Respekt."

Shel Silverstein ist Schriftsteller, Künstler, Cartoonist, CD-Künstler, Dramatiker, Dichter, Schauspieler, Grammy-Preisträger und Oscar-nominierter Songtexter. Hier ist ein wunderbares Gedicht von ihm:

‚Der Kleine Junge und der Alte Mann‘

Sagte der kleine Junge: „Manchmal lasse ich meinen Löffel fallen."
Sagte der alte Mann: „Das mache ich auch."
Der kleine Junge flüsterte: „Ich mache in die Hose."
„Das tue ich auch," lachte der alte Mann.

Sprach der kleine Junge: „Ich weine ziemlich oft."
Der alte Mann nickte: „Ich auch."
Der Junge sagte: „Doch das Schlimmste von allem ist:
Es scheint, die Erwachsenen beachten mich überhaupt nicht."
Und er fühlte die Wärme einer verrunzelten alten Hand:
„Ich weiß, was du meinst", sagte der kleine alte Mann.

KAPITEL VIERZEHN

Gewaltlosigkeit in Aktion

*„Die ganze Welt ist für mich in zwei Teile getrennt: Die eine
ist sie und da ist alles voller Glück, Hoffnung und Licht; die
andere ist dort, wo sie nicht ist, und dort gibt es Niederge-
schlagenheit und Dunkelheit ..."*

—Leo Tolstoi, Krieg und Frieden

Meine Interpretation von Leo Tolstois Worten lautet
folgendermaßen: „Eine ist sie", bezieht sich auf das
Weibliche und „...wo sie nicht ist", bezieht sich auf das
Männliche. Es gleicht beinahe dem Bild von *Ardhanariswara* in
der hinduistischen Religion (halb Gott, halb Göttin, die männlichen und weiblichen Energien, das *Yin* und *Yang*) .

Von einem objektiven Standpunkt aus betrachtet gehören
Krieg und Frieden zum Wesen der Welt. Wenn es keine äußeren
Konflikte gibt, dann sind es innere. Und ein innerer Konflikt
manifestiert sich als äußerer Konflikt. Dies ist ein Teufelskreis.
Einem extremen Ideal von *Ahimsa* (Gewaltlosigkeit) nachzueifern,
erscheint nicht praktikabel. Was wir tatsächlich brauchen, ist
machbare Gewaltlosigkeit. *Ahimsa* ist ein tiefgründiges Prinzip,
doch gibt es eine Methode, diese vornehme Tugend in die Praxis
umzusetzen, ohne unsere Aktivitäten in der Welt zu behindern?
Wir wollen nicht, dass die Leute sagen: „Die Idee ist zwar gut,
aber nicht durchführbar."

Ich möchte behaupten, dass Sri Krishna die vernünftigste Form von Ahimsa praktizierte. Der Krieg, der auf dem Schlachtfeld von Kurukshetra ausgetragen wurde, war weder von ihm, noch von den Pandava-Brüdern beabsichtigt. Duryodhana und seine Brüder, beraten und beeinflusst von ihrem körperlich wie geistig blinden Vater und ihrem bösartigen Onkel Sakuni, trugen allein die Verantwortung für den Krieg.

In durchtriebener Weise und unter Verwendung betrügerischer Methoden entrissen sie den Pandavas alles, was diesen rechtmäßig gehörte. Sie trieben sie aus dem Land und versuchten sogar etliche Male, die tugendhaften fünf Brüder umzubringen. Als die Pandavas zurückkehrten, nachdem sie dreizehn lange Jahre im Wald verbracht hatten, wurde ihnen ihr Königreich und andere Privilegien unbarmherzig verweigert. Krishna versuchte sein Bestes, Frieden zwischen den Parteien herzustellen und auf diese Weise den Krieg und die damit verbundene massive Zerstörung zu verhindern. Doch all seine Bemühungen schlugen fehl, als der bösartige Duryodhana in arroganter Weise verkündete: „Ich kann mein Leben, meinen Reichtum, mein Königreich und überhaupt alles opfern, doch mit den Pandavas kann ich niemals in Frieden leben. Ich werde ihnen nicht einmal das Land von der Größe eines Stecknadelkopfs überlassen." Was ihn selbst betraf, redete er sich heraus: „Ich bin so, wie die Götter mich gemacht haben."

Damit schlug er alle Türen zu einem möglichen Frieden zu und entschied sich erbarmungslos für den Krieg. Egal, wie reich, mächtig, arrogant und kenntnisreich man auch sein mag, so muss doch jeder das Ergebnis seiner Handlungen ernten und genau dies widerfuhr Duryodhana durch einen gnadenlosen Tod.

Haben wir eine andere Wahl als zu kämpfen, wenn man uns verweigert, was uns rechtmäßig gehört, wenn jemand es darauf abgesehen hat, uns zu vernichten, wenn er entschlossen ist, uns auf die Straße zu werfen oder uns gar das Recht auf unser Leben streitig macht? Ob es vor 5.000 Jahren passierte oder in unserer heutigen Welt – wenn du von allen Seiten misshandelt wirst, was kannst du anderes tun als um deine Rechte zu kämpfen? Niemand, der Selbstachtung besitzt – ein Einzelner, eine Nation oder ein Land unserer internationalen Gemeinschaft – würde jemals vor einer solchen Situation zurückweichen.

Das *Mahabharata* ist die machtvolle und praktische Schilderung einer realen Lebenssituation. Krishnas Rat an Arjuna – die Bhagavad Gita – handelt vor der Notwendigkeit seine Pflicht als Krieger zu erfüllen. Das Ganze ereignete sich inmitten des Lärms und Getöses eines Schlachtfeldes.

Nirgendwo sonst in der Geschichte der Menschheit werden wir ein derart strahlendes Beispiel finden für Ruhe inmitten von Chaos.

Der Mahabharata-Krieg war im Begriff zu beginnen. Doch Arjuna wurde plötzlich von Kummer ergriffen aufgrund seiner gefühlsmäßigen Bindung an Menschen auf der Gegnerseite. Er ließ Pfeil und Bogen sinken und weigerte sich zu kämpfen. Man mache sich klar, egal, ob Arjuna nun zu kämpfen gewillt war oder nicht – die Feinde waren in jedem Fall darauf aus, ihn selbst, seine Brüder und das gesamte Geschlecht auszurotten. Doch überwältigt von seinen Gefühlen geriet Arjuna außer sich und wurde verwirrt. Anstatt seine Pflicht zu tun und sein Leute und sein Königreich zu beschützen, begann er zu philosophieren. In diesem Moment einer Krise hatte Krishna die scheinbar unmögliche Aufgabe, ihm über die Situation hinwegzuhelfen, ihm Vertrauen und Mut einzuflößen und den Krieg zu gewinnen. Auch unser Leben und die verschiedenen Aktivitätsbereiche sind oft voller Herausforderungen, die uns zur Verzweiflung bringen können, ähnlich dem, was Arjuna widerfuhr. Daher ist es nötig, einen Ratgeber wie Krishna zu haben. Ahimsa bedeutet natürlich, niemandem Leid zuzufügen, weder durch Worte, noch durch Handlungen. Ahimsa heißt zu vermeiden, jemanden bewusst zu verletzen, und es beinhaltet weiterhin, sich selbst gegenüber auch gewaltlos zu sein. Manche Menschen betrachten schon das Abpflücken einer Frucht von einem Baum als *Himsa* (Gewalt). Falls dies so ist, dann kann auch das Essen einer Frucht, die vom Baum gefallen ist, Himsa sein, denn es gibt so viele Früchte und Gemüsesorten, bei denen wir die Samenkörner mitessen. Wenn wir die Samen essen, zerstören und verletzten wir dann nicht all die Pflanzen, die aus ihnen hervorgegangen wären? Töten wir nicht allein schon, indem wir gehen, sprechen, atmen, trinken oder essen, zahllose Lebewesen – wenn auch unbewusst?

Wenn wir mit Amma zusammen sind, gibt es nur selten freie Tage. Sei es in unserem Zentrum in Kerala oder anlässlich der Reisen in andere Teile der Welt – Amma versucht immer den Menschen das Maximum zu geben. Seit 40 Jahren ist dies ihre Praxis. Vor ein paar Jahren ereignete sich in der Schweiz der folgende Vorfall. Es gab eine besondere Gelegenheit, einen freien Tag zu genießen. Am Abend machte Amma einen Spaziergang und einige begleiteten sie. Wir setzten uns in der Nähe eines Apfelbaumes nieder. Es war ein wunderbarer Abend, sonnig und klar. Umgeben von der Fülle der Natur atmeten wir die reine Luft, saßen da und erlebten innere Stille. Es verging etwa eine halbe Stunde. Dann folgte eine kurze Unterhaltung, als Amma von jemandem gefragt wurde, ob es für die gegenwärtigen Probleme in der Welt eine Lösung gebe. Amma sagte: „In einem Wort: ‚Liebe‘, in zwei Worten: ‚Liebe und Mitgefühl‘. Wenn man zu diesen beiden noch ein Wort hinzufügt, ‚Geduld‘, können wir alle großen Probleme auf der Welt lösen. Diese Eigenschaften sollten in eurem Leben vorherrschen. Eigentlich reicht es, wenn eine dieser drei Eigenschaften praktiziert wird. Die anderen folgen dann automatisch."

Als wir im Begriff waren aufzustehen und zu gehen, wollte Amma spontan jedem etwas geben. Da wir nichts anderes dabei hatten, schlug jemand vor, Amma sollte ein paar Äpfel pflücken und sie verteilen. Amma stand auf und ging zu einem Apfelbaum. Liebevoll berührte und streichelte sie den Baum, verbeugte sich mit gefalteten Händen tief vor ihm und sprach die Worte: „Bitte verzeih mir und erlaube mir, ein paar Äpfel zu nehmen ..." Sie ließ ein paar Sekunden verstreichen, als ob sie auf die Erlaubnis des Baumes warten würde und pflückte dann ein paar reife Früchte. Bevor sie an ihren Platz zurückkehrte, verbeugte sie sich nochmals vor dem Baum.

Bevor Amma ging, nahm sie ein paar Blütenblätter und brachte dem Baum ihre Verehrung dar. Sie nahm eine Flasche von einem der Gruppenteilnehmer, goss etwas Wasser an den Stamm und sagte: „Deine Bereitschaft, alles mit anderen zu teilen, macht dich schön. Möge man sich deines Beispiels erinnern und mögen all jene, die zu dir kommen, davon inspiriert werden." In einer Ansprache sagte Amma: „Der Schutz, die Bewahrung und die Anbetung der Natur war ein Bestandteil vieler alter Kulturen. Was uns fehlt, ist Verehrung, jene einzigartige mitfühlende Geisteshaltung, die unsere Vorfahren gegenüber allen Formen des Lebens hatten. Dies ist ein Hauptgrund dafür, dass unsere Versuche, die Natur zu bewahren, nicht immer erfolgreich sind."

Wahres Ahimsa ist das Überfließen von Liebe in Form mitfühlender Handlungen. In fast allen Wissensbereichen gibt es Visionäre, doch was fehlt, sind Menschen, die eine ‚visionäre Perspektive' auf das Leben haben, d.h. eine größere Vision für das Gemeinwohl bei der eigenen Arbeit.

Anteilnehmendes Führungsverhalten bedeutet nicht: „Vermeide jede Art von Handlung; halte immer deinen Mund und schlucke alle Demütigungen und unfairen Verhaltensweisen, die du von anderen erdulden musst." Es ist vielmehr eine furchtlose Haltung, eine außergewöhnliche Fähigkeit, inmitten aller Lebenssituationen bewusst und geistig wach zu bleiben. Das Licht der rechten Urteilskraft, des Unterscheidungsvermögens und geistiger Reife verlässt eine mitfühlende Führungspersönlichkeit unter keinen Umständen.

Als Amma damit begann, Menschen zu empfangen und alle, die kamen, zu umarmen, gab es von ihrer Familie jede Menge Protest und Ablehnung. In gewisser Hinsicht war der Protest verständlich, denn ein junges Mädchen, das Menschen aller Altersklassen umarmt und keinen Unterschied zwischen den Geschlechtern macht, passte nicht in das kulturelle Umfeld. Sie befürchteten, dass dies Schande und nicht wieder gut zu machenden Schaden für die ganze Familie, einschließlich aller Verwandten, mit sich bringen würde. Eine Hauptsorge war, dass niemand aus einer angesehenen Familie jemals bereit sein würde, eines der Mädchen aus der Familie zu heiraten. Als alle Bemühungen fehlschlugen, Amma davon abzubringen, ihr ‚seltsames Verhalten' fortzusetzen, wurde sie von einem Cousin in ihrem Zimmer eingesperrt. Dann zog er ein Messer und drohte sie umzubringen, falls sie nicht aufhören würde, Menschen zu umarmen. Amma war unbeeindruckt und nicht im geringsten bereit, seinem Ansinnen nachzugeben. Gelassen eröffnete sie ihm: „Töte mich, wenn du magst. Doch komme, was da wolle, ich werde mein Verhalten unter keinen Umständen ändern. Ich will mein Leben der Welt darbringen und bis zu meinem letzten Atemzug den leidenden Menschen Erleichterung und Trost bringen. Diesem Ziel widme ich mich ohne Vorbehalt." Wie

Mahatma Gandhi richtig bemerkte: „Ein ‚Nein‘, das mit der tiefsten Überzeugung ausgesprochen wird, ist besser als ein ‚Ja‘, das nur geäußert wird um zu gefallen oder – schlimmer noch – um sich Unannehmlichkeiten zu ersparen.“ Wenn eine Person derart unerschütterlich, mutig und furchtlos auftritt, selbst wenn sie vom Tode bedroht ist, so wird der übelwollende Mensch sich plötzlich schwach und schutzlos vorkommen, wie bösartig er auch sein mag.

Ammas Willenskraft und die Festigkeit ihrer Worte schockierten den Cousin, verzweifelt verließ er den Raum. Ein paar Monate später wurde er krank und Amma besuchte ihn sogar im Krankenhaus. Sie saß an seinem Bett, fütterte ihn und sprach freundlich zu ihm. Reue erfüllte ihn. Ammas Besuch und ihre liebevollen Worte halfen ihm, sich zu öffnen. Der Mann sah seinen Fehler ein und entschuldigte sich bei ihr. Amma sorgte dafür, dass er sich friedvoll und glücklich fühlte.

Nur ein furchtloser Mensch kann vergeben, und ein versöhnlicher Mensch wird stets furchtlos sein. Offen gesagt, niemand kann eine gute Führungspersönlichkeit sein, der nicht vergeben kann. Zu vergeben heißt, die Vergangenheit zu vergessen.

Der geschilderte Vorfall zeigt ein einzigartiges Beispiel für Versöhnlichkeit und Furchtlosigkeit auf. Wenn also die betreffende Person einem machtvollen Licht gleicht, das die gesamte Stadt erleuchtet, so werden ihre Anhänger danach streben zumindest wie eine Kerze zu sein.

Auch beim Tsunami 2004 erwies Amma sich als absolut furchtlos. Selbst erfahrene Schwimmer und Fischer, die sich oft weit ins Meer hinauswagen, schienen von Furcht ergriffen zu sein, doch Amma stieg in die Fluten. Jeden Augenblick hätte eine weitere Welle kommen können, doch Amma war nicht im geringsten um ihr Leben besorgt. Sie war vielmehr nur um die Menschen in Sorge.

„Lasst uns nicht darum beten, vor Gefahren beschützt zu werden, sondern darum, furchtlos zu sein, wenn sie uns begegnen."

—Rabindranath Tagore

KAPITEL FÜNFZEHN

Durchsetzungsvermögen statt Aggression

Der gegenwärtige Zustand der Welt wäre weniger verhängnisvoll, hätten unsere Großeltern die Weisheit besessen, die richtigen Entscheidungen zu treffen. Zusätzlich zu unseren eigenen Fehlern müssen wir auch die Früchte ihrer Handlungen ernten. Wir sollten uns darüber klar sein, dass auch unser Tun zukünftige Generationen treffen wird. Offensichtlich geben wir kein gutes Beispiel ab; viele von uns können nicht umhin, sich zu fragen: „Was wird wohl die Zukunft für unsere Kinder und Enkel bereithalten?"

Unsere wahnhafte Arroganz hat der Natur und der gesamten Menschheit bereits irreparablen Schaden zugefügt. Wo immer wir hingehen, finden wir Menschen mit einer Haltung des ‚Ich bin der Erwählte'. Sei es ein neu ernannter Polizeiinspektor oder ein gerade eingestellter Manager – unter Fachleuten, Künstlern, Arbeitern, ja selbst unter spirituell Suchenden und religiösen Führern herrscht kein Mangel an Leuten mit der Einstellung ‚Wer bist du, dass du mir etwas beibringen kannst?'

Nach meiner Beobachtung gibt es drei Grundtypen egoistischer Personen: Extrem egoistische Personen, diplomatisch egoistische Personen und bescheidene oder subtil egoistische Personen. Die extrem egoistischen Menschen kann man leicht erkennen. Sie drücken es einfach aus; es ist ihre Natur. Man kann daran nicht viel ändern, doch man kann auf jeden Fall einige

Vorsichtsmaßnahmen ergreifen. Auch diplomatisch egoistische Menschen sind nicht schwer zu erkennen. Direkt unter der Oberfläche können wir das Ego sehen, das sozusagen auf dem Sprung ist. Doch die bescheiden egoistischen Menschen sind nicht leicht zu erkennen. Fast immer tragen sie eine Maske, die sie davor schützt, entlarvt zu werden. Ihr Kommunikationsstil, ihre Wortwahl, ihr Ton und ihre äußere Erscheinung vermitteln den Eindruck äußerster Demut, was aber täuscht. Solche Charaktere sind weitaus gefährlicher als jene, die ihr Ego offen zeigen. Ihr Ego ist zwar subtilerer, aber oft von größerer Intensität als das der beiden anderen Gruppen.

Amma sagt: „Arroganz ist wie die Tagblume. Voller Stolz, hochaufgerichtet sitzt sie auf ihrem Stengel und verkündet der Welt: ‚Schaut mich an, seht meine Schönheit. Ich bin die Schönste in der ganzen Schöpfung.' Doch wenn der Abend dämmert ist sie erledigt, erschöpft, verblüht. Die Blume lässt den Kopf hängen und die Blüte fällt schließlich vom Stengel."

Der Charakter macht einen Menschen aus. Manche starken Neigungen, Verhaltensmuster und Gewohnheiten sind angeboren, andere werden im Lauf des Lebens entwickelt und verfeinert. Um es wissenschaftlich auszudrücken: „Es liegt in den Genen." Angesichts dieser Tatsache gibt es kaum etwas, was man von außen dagegen tun könnte. Die Korrektur muss von innen erfolgen.

Peter Drucker sagt: „Um fähig zu sein, sich selbst zu managen, muss man sich fragen: ‚Was sind meine Werte?' Die Ethik verlangt, dass man sich die Frage stellt: ‚Welchen Menschen möchte ich morgens im Spiegel erblicken?'"

Es ist eine Tatsache, dass die Schwäche vieler kompetenter Manager in ihrer rücksichtslosen Arroganz besteht. Doch in der Selbsteinschätzung der betreffenden Person wird Arroganz eher als ein Plus denn als ein Minus gewertet – das macht es schwierig.

Ein Manager, der unfähig ist, seine Arroganz zu zügeln, verpasst viele wunderbare Gelegenheiten.

Ich konnte manchmal mitansehen, wie Amma mit Menschen dieser Geisteshaltung umgeht. Vor einigen Jahren traf ich am Flughafen von Detroit in Michigan einen Mann in der Lounge. Er war mit seiner Familie dort. Er arbeitete im oberen Management eines internationalen Konzerns in Detroit. Zusammen mit seiner Familie war der Mann im Begriff, nach Kerala (Indien) zurückzukehren, wo er geboren und aufgewachsen war. Obwohl wir uns zum ersten Mal trafen, sprachen wir lange miteinander. Eigentlich war es mehr ein Monolog, denn zumeist redete er. Wiederholt unterstrich er im Lauf des Gesprächs seinen atheistischen Standpunkt. Die Häufigkeit, mit der er seine angeblich unerschütterliche atheistische Einstellung betonte, führte mich zu dem Schluss, dass er nicht wirklich davon überzeugt war. Um ehrlich zu sein, je mehr er sprach, desto weniger überzeugte er mich. Ab einem bestimmten Punkt konnte ich seinen falschen Stolz und seine arroganten Äußerungen nicht mehr ertragen. Eine Aussage von Albert Einstein kam mir in den Sinn: „Was mich von den meisten sogenannten Atheisten unterscheidet, ist das Gefühl absoluter Demut und Verehrung gegenüber den unerforschlichen Geheimnissen des Kosmos und der Harmonie, die in ihm existiert."

Während wir uns unterhielten, betrat Amma die Lounge. Einzigartig an ihr ist, dass ihr keine Situation fremd oder peinlich ist, ob sie sich nun in einem fremden Land befindet oder mit Menschen anderer Kulturen zu tun hat.

Ihr Auftauchen war vollkommen einfach und natürlich, es war nichts Wichtigtuerisches daran. Sobald mein ‚atheistischer Freund' sie sah, verschwand das Grinsen aus seinem Gesicht. Da ich neben ihm stand, konnte ich beobachten, wie seine

Körpersprache sich änderte, und ich fühlte ablehnende Schwingungen, die von ihm ausgingen. Rasch trat er einen Schritt zurück, doch Amma war schneller. Lächelnd legte sie ihre Hände auf die Schultern des Mannes und fragte ihn: „Sind Sie aus Kerala?" Er schaute zu mir und ich lächelte ihn an. Wenn jemand, den man als ‚seltsam' oder ‚eigenartig' betrachtet, Akzeptanz signalisiert, ist es schwierig, einsilbig zu bleiben. Es ist, wie wenn ein Kind uns anlächelt. Wir können nicht anders als zurücklächeln, selbst wenn es das Kind eines Feindes ist. Der Mann schien ein wenig verblüfft über Ammas ‚ungewöhnliches Benehmen'. Es blieb ihm nichts anderes übrig als auf Ammas Frage zu antworten: „Ja, das stimmt." Direkt danach kam eine neue Frage: „Sind Sie aus Trissur?" Der Mann war offensichtlich überrascht, dass Amma seine Heimatstadt kannte und stellt eine Gegenfrage: „Woher wissen Sie das?" – „Ihr Akzent", sagte Amma. „Wie lange sind Sie schon hier in den USA?" – „Gerade einmal fünf Jahre." In diesem Augenblick kamen seine Frau und die beiden Kinder näher.

Amma lächelte und fragte den Mann: „Ihre Familie?"‚ – „Ja." Amma rief die kleinen Mädchen zu sich. Sie umarmte sie und küsste sie auf die Wange. Als die Frau des Mannes das sah, legte sie spontan ihren Kopf an Ammas Schulter. Auch sie erhielt eine herzliche Umarmung.

Der Mann blickte mich an, doch seine Augen waren nicht mehr dieselben wie zuvor, als wir uns getroffen hatten. Es war ein gewisses Funkeln darin zu erkennen. Um es kurz zu machen, bevor er und seine Familie die Lounge verließen, um in ihr Flugzeug zu steigen, saßen sie alle bei Amma. Und bevor er den Raum verließ, wollte auch er die Erfahrung von Ammas Umarmung machen.

Am Ende ließ der Mann seine falsche Maske, die er bis zu diesem Zeitpunkt getragen hatte, fallen und hörte nun interessiert und konzentriert dem zu, was Amma zu sagen hatte. Zuvor jedoch hatte Amma sich aufmerksam und geduldig seine atheistischen Ansichten angehört, erfuhr etwas über seinen familiären Hintergrund und sein früheres Umfeld. Erst als er mit seinen Ausführungen am Ende war, sagte sie: „Ich stimme dem, was Sie sagen zu, aber egal, woran Sie glauben, wenn Sie Mitgefühl mit jenen haben, denen es nicht so gut geht und wenn sie willig sind, den Armen und Bedürftigen zu helfen, dann bewundere ich wirklich eine solche Haltung. Es ist in Ordnung, eine politische Meinung zu haben. Bleiben Sie Atheist, aber seien Sie menschlich und haben Sie Vertrauen in menschliche Werte. Die ernsthaften politischen Parteien sind davon überzeugt und die Spiritualität lehrt es, dass man den Mitmenschen, den Armen und Unterdrückten helfen soll. Es ist beinahe unmöglich, Fehler zu vermeiden. Doch mögen unsere Neigungen und Ansichten uns selbst wie der Gesellschaft so wenig wie möglich schaden und beiden so viel wie möglich nutzen."

Im Verhalten des Mannes hatte sich eine plötzliche Wandlung vollzogen. Er sah unbestreitbar anders aus als zuvor. Die Anspannung war fort. Als er den Raum verließ, sagte er mir: „Amma zu treffen, war eine echte Erfahrung. Ich bin sehr beeindruckt von ihrer Einfachheit und ihrer vorurteilslosen Einstellung. Eigentlich war ich es, der ihr gegenüber Vorurteile hatte. Das tut mir leid. Wir werden uns gewiss wiedersehen."

Ich bin mir nicht sicher, ob diese Veränderung bleibende Wirkung hat. Der entscheidende Punkt ist, dass die Begegnung einen machtvollen Eindruck auf diesen Mann machte und dies könnte der Anfang eines neuen Kapitels in seinem Leben sein. Damit dies möglich wurde, musste Amma zuerst eine offene, vorurteilslose Einstellung an den Tag legen.

Bei anderen Gelegenheiten konnte ich beobachten, wie Amma mit ähnlich denkenden Menschen umgeht, bei denen es sich oft um Intellektuelle, Wissenschaftler oder Ungläubige handelt. Sie hört aufmerksam zu, bis auf das kleinste Detail, was jemand sagt. Erst wenn die Person ihre Ausführungen beendet hat, beginnt Amma zu sprechen. Zumeist fängt sie etwa so an: „Was du sagst, ist richtig. Ich stimme dem zu, aber…" Dann teilt sie ihre Sicht der Dinge mit.

Dies ist ein höchst wirkungsvoller Ansatz; jeder Fachmann kann damit experimentieren. Tatsächlich wirkt diese Technik Wunder. Sei geduldig und lasse die andere Person fühlen, wie sehr du daran interessiert bist ihr zuzuhören. Mühelos öffnen sich die Menschen Amma, denn sie empfinden: „Hier ist jemand, der meiner Auffassung und meinen Erkenntnissen Wert beimisst. Das ist eine Person, mit der man wirklich kommunizieren und zusammenarbeiten kann. Sie versteht mich."

Man kann irgend jemanden aus Ammas Institutionen oder aus der großen Masse freiwilliger Helfer befragen, die bei den humanitären Projekten der NRO Dienst leisten. Hört, was sie zu erzählen haben. Es gibt etwas, das diese große Gruppe zusammenhält: Ihr persönliches Band mit Amma. Hier kommt mir ein weiteres Zitat in den Sinn: „Liebe ist unsere wahre Essenz. Liebe kennt keinerlei Grenzen, weder Kaste, Religion, Rasse noch Nationalität. Wir alle sind Perlen, aufgereiht auf *einem* Faden der Liebe." Da Liebe das Wichtigste ist, entsteht die Verbindung spontan. Die Beziehung entwickelt sich ganz natürlich, so natürlich, dass jede Person erkennt: „Dies ist es, was ich will. So eine Beziehung ist Nahrung für meine Seele und wird meinen Körper und mein Gemüt heilen."

Ich wundere mich immer noch darüber, wie Amma es schafft, Fachleute aus allen Berufsfeldern und von überall auf der Welt herbeizulocken und sie dazu zu bringen, für die Organisation zu arbeiten. Die Frage bleibt unbeantwortet, doch ich sehe auch, dass es diesen Personen nicht um Ruhm und Ehre geht und dass sie nun eine Gelegenheit haben, die sie nicht erhalten hätten, wenn sie in ihrem Land und bei ihrer Arbeit geblieben wären. Im Namen von *Amrita* – d.h. im Namen von Amma – haben sie Verbindungen zu Experten auf der ganzen Welt aufgebaut, und sie selbst erlangen durch ihre Arbeit bei der Amrita-Organisation einen beträchtlichen Bekanntheitsgrad.

Sie sehen auch, dass Amma absolut fair ist, dass sie keine versteckten Motive hat. Die Menschen bekommen einen direkten, spürbaren Eindruck von Ammas erstem und einzigem Ziel: Selbstlos der Gesellschaft zu dienen durch eine gerechte Verteilung des Wohlstands, des inneren Wohlstands an Liebe und Mitgefühl und der äußeren materiellen Resourcen. Die Entscheidung dieser Leute mit Amma zusammenzuarbeiten, beruht auf völliger Freiwilligkeit.

Ich will nicht behaupten, es gäbe keine Probleme. Es gibt durchaus Pannen. Ab und zu tauchen sie auf, doch es gibt immer eine Lösung. Zumeist werden die Probleme durch ein einfaches informelles Treffen oder ein Gespräch gelöst. Vor allem aber gilt, dass Amma zu jeder Tages- und Nachtzeit, wenn nötig, erreichbar ist: Als Katalysator und als ein Medium, das uns alle miteinander verbindet. Jeder und jede Einzelne in unserer Organisation, ungeachtet der Stellung oder des Titels, kommuniziert mit ihr offen und spontan. Was für ein Problem es auch geben mag – es Amma zu unterbreiten bedeutet, dass es gelöst wird. Es ist dann wirklich vorbei.

Amma ist die Kanzlerin der Amrita-Universität, vielleicht der einzige Kanzler überhaupt – ob weiblich oder männlich, der für alles und jeden verfügbar ist. Beschwerden, Anliegen oder Probleme, seien sie nun persönlicher oder fachlicher Natur, können ihr direkt unterbreitet werden. Wenn nötig, ist Amma durchsetzungsfähig. Doch sie ist niemals aggressiv oder arrogant. Aggression und Durchsetzungskraft sind mit unterschiedlichen geistigen Zuständen verbunden. Manchmal hören wir Leute sagen: „Ich war einfach sehr bestimmt und habe mich durchgesetzt." Beim näheren Hinschauen entdecken wir jedoch, dass sie streitlustig und aggressiv waren – nicht durchsetzungsfähig.

Hinter einem aggressiven Verhalten steht normalerweise ein Interesse, ein persönliches Ziel, das man erreichen will. Es ist eher ein Hinweis auf Selbstüberheblichkeit als auf Selbstvertrauen. Durchsetzungsfähigkeit macht das Selbstbewusstsein eines Menschen deutlich; sie beruht auf Erfahrung. Man kann sagen, dass ein aggressives Verhalten der Ausdruck eines unreifen Egos ist. Umgekehrt zeugt Durchsetzungsfähigkeit von einem reiferen Ego. Aggressivität ist eine unsensible und unfreundliche Haltung. Durchsetzungsfähigkeit hingegen ist eine kultivierte und anziehende Geisteshaltung. Zwischen den beiden liegt ein großer Unterschied. Erstere zieht das Wohl anderer nur wenig in Betracht. „Ich will gewinnen und etwas davon haben, was immer auch das Ziel sein mag. Ob du etwas bekommst oder nicht, interessiert mich nicht im Geringsten. Punkt."

Die durchsetzungsfähige Person hingegen berücksichtigt auf eine höfliche Weise auch die Meinungen und Ansichten anderer Menschen. Dieses Phänomen zeigt sich in verschiedenen Ausprägungen, auf niedrigem, mittlerem und hohem Intensitätsniveau. Entsprechend gibt es auch bei der Aggressivität, abhängig von der Reife und dem Verständnis der Person, einen geringen, mittleren und hohen Intensitätsgrad.

Nach meiner Erfahrung ist Amma eine einzigartige Führungspersönlichkeit, die auf eine taktvolle Weise Festigkeit und

Durchsetzungskraft mit Aufnahmebereitschaft und Mitgefühl verbindet. Ich würde es so formulieren: „Sie ist hart wie ein Diamant und weich wie eine Blume." Sie strömt dahin wie ein Fluss und steht fest wie ein Berg. Sie hat die besondere, unvergleichliche Begabung, einen äußeren wie inneren Kontakt mit den Menschen zu schaffen. Was ihre Umarmungen betrifft, sagt sie selbst: „Es ist nicht lediglich eine körperliche Umarmung, bei der zwei Körper aufeinandertreffen. Es ist eine wirkliche Begegnung der Herzen." Diese Kommunikation von Herz zu Herz ist der Schlüssel, um den Kontakt lebendig werden zu lassen.

Nur selten sehen wir Amma in einer energischen Stimmung. Doch wenn eine Katastrophe geschieht oder Dinge eine kritische Wendung nehmen, intensiviert sie ihren Energiefluss. In diesem Augenblick gewinnt ihre Durchsetzungsfähigkeit die Oberhand. Ich sollte hinzufügen: Amma kontrolliert jederzeit die Geschwindigkeit und lässt es niemals zu, dass eine aggressive Energie ins Spiel kommt und sie oder das Team davon vereinnahmt werden.

Für mich selbst und Tausende anderer, die unter Ammas Führung überall auf der Welt der Gesellschaft dienen, bewirken diese ‚hochenergetischen Szenarien', dass wir ständig von positiven Schwingungen und unglaublicher Inspiration erfüllt sind. Es wäre unrealistisch zu behaupten, es gäbe keine Spannungen. Doch selbst inmitten wilder Unternehmungen ist Amma in der Lage, die Teammitarbeiter in eine Stimmung tiefer Zufriedenheit und Gelöstheit zu versetzen. Die Menschen arbeiten, weil sie sich inspiriert und in der Liebe fühlen, nicht aus Zwang oder Furcht. Selbst wenn der Körper müde ist, sind sie guter Stimmung und sprühen vor Enthusiasmus.

Amma hat viele Methoden, eine Situation zu bewältigen. Abhängig von den Umständen, der Ausgangslage sowie der Kultur und dem Charakter der beteiligten Menschen wählt sie die am angemessensten erscheinende Methode, eine Arbeit möglichst kostengünstig, kompetent und zeitsparend fertig zu stellen. Während Amma bei anderen Gelegenheiten ausgiebige Diskussionen ermutigt, verhält sie sich in Krisenzeiten und bei Katastrophen anders. Sie übernimmt die Kontrolle und jede Instruktion kommt von ihr. Unter Verzicht auf Nahrung und Schlaf leitet sie unermüdlich die Planung und Durchführung der notwendigen Maßnahmen. Sie ist gleichermaßen versiert im System des Hochgeschwindigkeitsmanagements wie im mittleren und niedrigen Schnelligkeitsbereich. Sie weiß auch, wann sie ein Machtwort sprechen muss.

Nach der Überschwemmung in Karnataka (Raichur) 2009 verpflichtete sich unsere NRO dazu, als Teil der Wiederaufbaumaßnahmen 2.000 Häuser zu bauen.

Am 27. November verkündete der MAM ein umfangreiches Hilfs- und Wiederaufbau-Programm im Wert von 10,7 Millionen Dollar für die von der Überschwemmung betroffenen Menschen. Amma sandte ein Untersuchungsteam ins Katastrophengebiet. Es kam mit dem Namen eines Dorfes zurück, dem bis dahin noch keine Hilfe angeboten worden war. Amma erbot sich, dieses Dorf wieder aufzubauen. So begann in Dongrampura (Regierungsbezirk Raichur) der Bau von tausend Häusern und zusätzlich Straßen, Parks, Elektrizitäts- und Wasserversorgung sowie einem Gemeindezentrum.

Am 16. Januar kamen während einer Sonnenfinsternis vierzehn freiwillige Helfer in Raichur an. Obwohl gemäß der lokalen Tradition niemand an einem solchen Tag in die Sonne schauen oder spazieren gehen sollte, durchquerten die Helfer bedenkenlos das Gebiet, besuchten den vorgesehenen Dorfbauplatz und trafen sich mit Behördenvertretern. Am nächsten Tag waren die

Formalitäten erledigt und gleich begann man mit dem riesigen Bauvorhaben.

Amma wies das Team an: „Schließt die Arbeiten schnell ab – in Hochgeschwindigkeit ..." ‚Geschwindigkeit' wurde zum Mantra für das Team. Sie arbeiteten buchstäblich ohne Pause, obwohl die Temperaturen bis auf 45 Grad anstiegen. Die Hälfte des Tages gab es weder Strom noch fließendes Wasser. Die freiwilligen Helfer trotzten diesen widrigen Umständen und bauten die ersten 100 Häuser binnen 20 Tagen. Sie hatten Ammas Traum erfüllt, den von der Flut Betroffenen möglichst schnell Erleichterung zu verschaffen.

Dieses Bauwunder brach alle Rekorde. Im ganzen Bundesstaat gab es Wogen der Bewunderung für diese Leistung, von seiten der Behörden und der Fachleute und auch bei Ladenbesitzern, Pädagogen und Studenten. Die Regierung initiierte eine PowerPoint-Präsentation dieses unglaublichen Kunststücks, um andere NROs zur Nachahmung anzuregen.

Sie kamen in hellen Scharen, um es mit eigenen Augen zu sehen. In den Tageszeitungen erschienen Artikel, die voll des Lobes waren. Staatsminister und Verwaltungsbeamte zollten von öffentlichen Rednertribünen aus ihre Anerkennung.

Der Ministerpräsident von Karnataka teilte der Öffentlichkeit mit, wie es zu der Zusammenarbeit mit dem MAM gekommen war: „Am 15. Januar kam es zu einem Memorandum (gemeinsamen Absichtserklärung) zwischen dem MAM und der Regierung. Innerhalb von 20 Tagen hatte Ammas Organisation 100 Häuser fertiggestellt; die Schlüssel wurden mir übergeben. Ich bin Amma sehr dankbar. Dies wird andere Spender inspirieren, Projekte mit der gleichen Begeisterung und Dringlichkeit anzugehen."

Am 4. August 2010 wurden dem dankbaren Ministerpräsidenten die Schlüssel für 242 zusätzliche Häuser anlässlich Ammas

Programms in Bangalore übergeben. Immer wieder wurden neue Rekorde aufgestellt. Heute sind fast alle der bewilligten 1.000 Häuser auf den drei verschiedenen Baustellen fertiggestellt.

Ist anteilnehmendes Führungsverhalten besser? Ich würde sagen, ja, denn eine solche Führungspersönlichkeit übernimmt die Verantwortung anderen zu helfen, ohne darum gebeten worden zu sein. Sie müssen es nicht tun, aber sie tun es, weil es ihrer Natur entspricht und es einfach nicht anders sein kann. Sie haben kein Eigeninteresse und keine Furcht, das Notwendige für die Gesellschaft, die Armen und Bedürftigen zu tun. Sie sind vollkommen frei von jeglicher Unklarheit im Hinblick auf ihre Mission im Leben. Vor allem hegen sie keine Erwartungen oder persönlichen Interessen. Sie betrachten diesen Dienst einfach als ihre Verantwortung. So ist Amma. Sie denkt weniger an sich als an andere Lebewesen. Sie besitzt ein tiefgreifendes Verständnis vom Leben und vom menschlichen Herz. Daher kann sie jede Situation mühelos bewältigen, denn sie hat kein Ego.

Amma ist die Art von Führungspersönlichkeit bzw. Manager, die selbst in die vorderste Reihe kommt, die Ärmel hochkrempelt und für jegliche Arbeit zur Verfügung steht. Diese 1,50 m große Frau, die in einem abgelegenen Dorf in Südindien geboren wurde, hat, indem sie alle Grenzen überschritt, eine Revolution im konventionellen System bewirkt. Amma schenkt der Welt eine neue, tiefere Dimension der Liebe, macht die Art und Weise deutlich, wie sie auszudrücken ist und wie wichtig sie für das menschliche Leben ist, und sie stellt ihre verwandelnde Kraft unter Beweis.

Niemand hat Amma darum gebeten, der Gesellschaft zu dienen, den Armen und Bedürftigen zu helfen, stundenlang dazusitzen und den Menschen zuzuhören oder immense humanitäre Projekte in Angriff zu nehmen. Sie tut es, weil es zu ihrem Lebensatem gehört. Und sie lässt uns fühlen, dass jeder von uns dasselbe tun kann, wenn er ein paar kleine Korrekturen und Anpassungen vornimmt.

„Halte dich fern von Menschen, die deine Ziele verächtlich machen. Kleine Leute tun dies immer, doch die wirklich Großen geben dir das Gefühl, dass auch du groß werden kannst."

—Mark Twain

KAPITEL SECHZEHN

Unerschütterliche Überzeugung und sofortige Entscheidung

„Unser menschliches Mitgefühl verbindet uns miteinander – nicht in einer mitleidigen oder gönnerhaften Weise – sondern als menschliche Wesen, die gelernt haben, wie sie ihr gemeinsames Leid in Hoffnung auf die Zukunft verwandeln können."

—Nelson Mandela

Amma hat immense karitative Aktivitäten, sowohl in Indien als auch im Ausland, initiiert. Doch der Tsunami 2004 steht nach wie vor als brillantestes Zeugnis ihrer Kompetenz und Geschicklichkeit im Handeln an der Spitze. Die Evakuierungs-, Hilfs – und Wiederaufbau-Arbeiten wurden ausnahmslos von Amma geleitet. Ihr Katastrophenhilfeprogramm zeigt auf, wie man sinnvoll auf einen Notfall reagieren sollte. Es ist eine großartige Lektion im Bereich Katastrophenmanagement, Ressourcenmanagement, Finanzmanagement, Zeitmanagement, intuitiver Entscheidungsfindung und, besonders wichtig, im Umgang mit großen Menschenmengen.

Der Tsunami 2004 tötete Tausende in Südindien, in Indonesien, auf den Andamanen und Nikobaren sowie in Sri Lanka. Ammas vorausschauende Führungskapazität, das ihr eigene Mitgefühl und ihre faire Art waren die ganze Zeit über sichtbar.

Es dauerte fast zwei Jahre, bis der gesamte Prozess des Wiederaufbaus abgeschlossen war.

Während dieses Zeitraums überwachte Amma nicht nur alle Tsunami-Aktivitäten des MAMs, sondern sie überwachte gleichzeitig die Mikro- wie die Makro-Bereiche aller humanitären und Bildungsprojekte.

Es hatte sich ganz plötzlich ereignet – im Handumdrehen rissen gigantische Wellen alles mit sich. Zuerst zogen sich die Wellen mehr als einen Kilometer in den Ozean zurück. Der Anblick des funkelnden weißen Sands, der sonst unter dem Meerwasser verborgen ist, war wundervoll. Es sah aus, als ob die ganze Küste mit winzigen weißen Perlen bedeckt wäre. Hunderte – Zentrums- und Dorfbewohner – drängten sich, um das wunderbare Schauspiel mitanzusehen. Doch als Amma von diesem ungewöhnlichen Phänomen hörte, wusste sie, dass es kein gutes Zeichen war. Sie forderte dazu auf, sofort in das Zentrum zurückzukehren und gab den Tausenden von versammelten Menschen die Anweisung, sich in die höheren Stockwerke der Gebäude zu begeben. Innerhalb weniger Minuten türmten sich riesige Wellen auf, verschluckten Häuser und unschuldige Menschen. Innerhalb eines kurzen Augenblicks verschwand alles, was vorher da gewesen war.

Sofort unterbrach Amma den Darshan und begann mit der Evakuierung. Sie kam in ein gelbes Tuch gewickelt herunter, watete durch die Fluten und gab Anweisungen an die Bewohner und an die Leute aus dem Dorf, die ins Zentrum der NRO eilten, in der Hoffnung, dort einen sicheren Platz zu finden. Die Menschen waren in großer Panik und völliger Konfusion. Mütter mit Babys, kleine Mädchen und Jungen, die nach ihren Eltern suchten, ältere, kranke und behinderte Personen ... alles erschien überwältigend und unüberschaubar.

In einer derartigen Situation, wenn Menschen sich im Zustand vollkommener Fassungslosigkeit befinden, bedarf es einer besonnenen Person, die auf intelligente Weise agiert.

Vom Managementblickwinkel aus betrachtet, könnten wir dies als ‚autokratischen‘ oder ‚autoritären‘ Führungsstil bezeichnen. Dieser Stil hat seine Vorzüge und Schattenseiten. Doch ist es in einer chaotischen Situation wie dieser am effektivsten, wenn eine vollendete Führungspersönlichkeit die Kontrolle und Verantwortung für das weitere Vorgehen übernimmt, eine Person mit der größten Erfahrung und mit Zugang zu Informationen, die anderen Mitarbeitern nicht zur Verfügung stehen.

Ständig im fast kniehohen Wasser unterwegs, schaute sich Amma das Maß der Zerstörung und der Gefährdung an und forderte alle auf, sich vorsichtig zur Fähre zu begeben. Dort warteten Boote, die dem Zentrum und den Dorfbewohnern gehörten; sie sollten alle auf das Festland übersetzen. Es waren bereits Anweisungen ergangen, die Gebäude der Universität für Ingenieurswesen, Biotechnologie und Ayurveda sowie die Schulen des MAM in Notlager umzuwandeln.

Als eine Vorsichtsmaßnahme und um die Evakuierung sicherer zu gestalten, gab Amma uns die Anweisung, reißfeste Seile aus Kokusnussfasern vom nächstgelegenen Gebäude um die Kokospalmen zum Fährplatz zu spannen und sie bat jeden, sich auf dem Weg an dem Seil festzuhalten. Sie überzeugte sich persönlich davon, dass alle Mitglieder einer Familie beisammen waren, bevor sie sie zum Übersetzen auf die andere Seite in ein Boot ließ. Dies war ihr wichtig, denn falls eine Familie nicht zusammen hinüberfahren könnte, würden sie vielleicht einander nicht finden und wüssten nicht, ob ihre Angehörigen in Sicherheit wären. Leute vom Dorf, Patienten des Amrita-Krankenhauses, Besucher und alle Tiere einschließlich der Elefanten wurden zuerst

hinübergebracht, und erst am Ende die Bewohner. Amma ging
zuletzt, sie erreichte das Festland nach Mitternacht. Sie verbrachte
die Nacht im selben Gebäude wie die Flüchtlinge.

Seit dem ersten Tag nach der Katastrophe kochten die freiwilligen Helfer, die inzwischen in die Universitätsräumlichkeiten
jenseits der Backwaters gezogen waren, drei Mal am Tag 10.000
Mahlzeiten für alle diejenigen, die sich in den Notlagern befanden. AIMS, das Krankenhaus des MAMs richtete in jedem Notlager einen medizinischen 24-Stundendienst ein mit Ärzten, Krankenschwestern und Sanitätern, die mit Medikamenten, Geräten,
Ambulanzen etc. ausgestattet waren. Vergleichbare Maßnahmen
wurden in Nagapattinam, Tamil Nadu, vorgenommen, einem
der am stärksten betroffenen Gebiete an der indischen Ostküste.

Die Regierung richtete zwölf Notlager in der Umgebung
ein, um den evakuierten Menschen die erforderliche Notfallhilfe
zukommen zu lassen. Der MAM stellte auch in diesen Zentren
Nahrung, Kleidung, Decken und eine medizinische Rund-um-
die-Uhr-Betreung zur Verfügung.

Während der nächsten paar Tage war der ganze Ort in Tränen
aufgelöst. Die Klagen der Mütter, Ehemänner, Ehefrauen und
Kinder der Verstorbenen erfüllten die Atmosphäre. Es wurde
eine Massenbestattungsfeier durchgeführt. Als das Feuer der
Scheiterhaufen langsam nachließ, saßen die Menschen inmitten
der verstreuten Trümmer. Da die Zukunft nichts mehr für sie
bereitzuhalten schien, waren ihre Augen voll Angst und Pein.
Die riesigen Wellen hatten ihre Träume und Wünsche hinweg-
geschwemmt. Ein ganzes Dorf stand mit leeren Händen da –
vollkommen hilflos und am Boden zerstört.

Als eine Führerspersönlichkeit, die sowohl die Freude als
auch den Schmerz der Menschen versteht, war es Ammas vor-
dringliches Bemühen, die Menschen zu trösten. Das war nach

einer Katastrophe dieses Ausmaßes vielleicht das schwierigste Unterfangen. Eine geborene Führungspersönlichkeit weiß, wie sinnlos und überflüssig Worte in diesen Augenblicken tiefen Leids klingen müssen. Daher war es in den ersten Tagen Ammas erstes Anliegen – abgesehen von der Bereitstellung der notwendigsten Hilfsgüter – den Schmerz der Dorfbewohner aus ganzem Herzen mit ihnen zu teilen. Sie weinte mit den Menschen, hielt sie fest umarmt, tröstete sie und wischte ihre Tränen ab. Alle Tage lang kümmerte sie sich individuell um die von Sorgen gequälten Menschen, und nachts telefonierte sie unablässig mit den Helfern und Bewohnern, die an den verschiedenen Einsatzorten Dienst leisteten, und gab ihnen Anweisungen. Ihre persönlichen Ratschläge und ihre echte Anteilnahme sorgten dafür, dass die Dorfbewohner sich sicher fühlten und wieder Vertrauen in die Zukunft fassten.

In all ihrer unglaublichen Inspirationsfähigkeit war Amma unentwegt damit befasst, ihre freiwilligen Helfer in Wort und Tat anzuleiten. Mit der Unterstützung eines riesigen Teams von Helfern gelang es unserer NRO, Notunterkünfte für die Opfer innerhalb von nur neun Tagen fertigzustellen, während die Regierung Monate dafür benötigte.

Eine Woche nach dem Tsunami kehrte Amma, die sich die ganze Zeit über in einem Zimmer der Universität auf der anderen Seite der Backwaters aufgehalten hatte, in das spirituelle Zentrum zurück. Auf Seiten der Zentrumsbewohner gab es keine Todesopfer zu beklagen, doch das Zentrum selbst, der Hauptsitz der NRO, hatte durch die Tsunami-Wellen großen Schaden genommen. Fast alle Computer und mehrere Drucker waren beschädigt. Der Lebensmittelvorrat an Gemüse und Reis war entweder weggespült worden oder verdorben. Überall waren verwelkte oder ausgetrocknete Pflanzen und Bäume zu sehen.

Doch war Amma mehr in Sorge um das Wohlergehen jener, die durch den Tsunami alles verloren hatten – ihre Angehörigen und ihre gesamten Ersparnisse. Sie war gänzlich darauf konzentriert, die Hilfsaktionen und den Wiederaufbau voranzubringen.

Eines Tages klingelte nach Mitternacht die Gegensprechanlage bei mir. Es war Amma. Ich nahm den Hörer ab. Für ein paar Augenblicke war Amma ruhig. Dann sprach sie: „Es bricht mir das Herz, all dieses Leid zu sehen. Wir sollten den Leuten etwas Nachhaltigeres, etwas Konkretes anbieten, das ihnen hilft, ihr Leben wieder aufzunehmen." Nach einer Weile fuhr sie fort: „Sie brauchen neue Häuser, Boote, Fischernetze, ärztliche Behandlung usw. Wie können wir nur helfen?"

Ich wusste nicht, was ich vorschlagen sollte und schwieg daher. Plötzlich sagte Amma: „Wir werden eine Milliarde Rupien (21 Millionen Dollar) für die Notfallhilfe und den Wiederaufbau zur Verfügung stellen."

Ihr Worte machten mich fassungslos. Mir blieb die Sprache weg. Als ich mich von dem Schock erholt hatte, fragte ich: „Amma, wo soll denn das Geld herkommen?" Mit ruhiger Stimme antwortete sie: „Das ist nicht so wichtig. Mitgefühl ist das Wichtigste. Es gibt auf der Welt viele gutherzige Menschen. Das Geld wird kommen ... Der erste Schritt ist Mitgefühl. Wir wollen diesen Schritt auf die richtige Weise machen."

Ihre Überzeugung war unerschütterlich, und daher kam ihre Entscheidung unverzüglich.

Wenn wir zu einem hehren Ziel, das auf einem höheren Wert beruht, ‚ja' sagen, gibt es keine Doppeldeutigkeit und keinen Zweifel. Die Entscheidungen sowie ihre Durchführung sind rasch, denn man ist mehr auf die Handlung selbst als auf das Ergebnis ausgerichtet. Die Aktion ist in der Gegenwart; das Resultat liegt in der Zukunft. Wenn alle unsere Energien auf die

Gegenwart konzentriert sind, entsteht daraus auf ganz einfache Weise die Zukunft.

Etienne de Grellet, ein Missionar der Quäker, sagte einst: „Angenommen man fährt durch einen neuen Ort. Dabei erinnere man sich an das Folgende: ‚Ich werde nur ein einziges Mal hier durchfahren; lasse mich daher jegliche Art von Freundlichkeit, die ich einem menschlichen Wesen oder überhaupt einem Lebewesen zukommen lassen kann, jetzt in die Tat umsetzen. Lass es mich nicht aufschieben oder versäumen, denn ich werde diesen Weg nicht noch einmal fahren.'"

Es gibt eine wunderbare Geschichte im Mahabharata, die diese Idee verdeutlicht, Freundlichkeit sofort zu zeigen, sobald sich die Gelegenheit dazu ergibt.

Eines Tages praktizierte Karna, der für seine Wohltätigkeit und Großzügigkeit bekannt war, seine Gebete und Waschungen in einem Fluss. Neben ihm war eine mit Edelsteinen bedeckte goldene Schale. Zur selben Zeit kam Krishna Karna besuchen. Um seine Standfestigkeit im Hinblick auf Wohltätigkeit zu prüfen, forderte Krishna ihn auf, ihm die goldene Schale als eine Darbringung zu überreichen. Ohne das geringste Zögern griff Karna nach der Schale und überreichte sie Krishna mit der linken Hand, da seine rechte Hand nicht sauber war. Krishna reagierte darauf sofort und erinnerte ihn daran, dass es nicht in Ordnung sei, ein Geschenk oder ein Opfer mit der linken Hand zu offerieren. (In Indien gilt es als unheilvoll, ein Geschenk oder sonst etwas mit der linken Hand zu überreichen.)

Mit einem demütigen Lächeln antwortete Karna, er sei sich über diesen Brauch wohl bewusst und gab Krishna folgende Antwort: „Wann immer du über die Möglichkeit einer guten Handlung nachdenkst, musst du sie sofort in die Tat umsetzen, ohne einen zweiten Gedanken zu erwägen, denn du weißt wirklich nicht, was in der nächsten Sekunde passieren wird. Dein Leben könnte plötzlich vorbei sein, es könnte dich Gier überwältigen oder deine Absicht könnte sich ändern."

In dem Moment, in dem wir einen inneren Drang spüren, jemandem zu helfen und ein Gedanke von Mitgefühl in uns erwacht, sollten wir unverzüglich zur Tat schreiten. Wenn wir es nur eine Sekunde aufschieben, kommt der Geist dazwischen und beginnt, den Gedanken wegzudiskutieren.

Das Hilfs- und Wiederaufbau-Paket für den Tsunami wurde Mitte Februar 2005 bekanntgegeben. Bald danach besuchte Amma die stark betroffenen Gebiete in Nagapattinam (Tamil Nadu). Nachdem sie in verschiedenen Notunterkünften die Menschen besucht und ihre persönlichen Leidensgeschichten angehört hatte, reiste sie in der Nacht zurück und erreichte am frühen Morgen unser NGO-Zentrum in Kerala.

Weniger als 24 Stunden später reiste Amma auf Einladung der Regierung nach Sri Lanka, und blieb vom 16. bis zum 19. Februar 2005 dort. Mehr als 30.000 Menschen waren in Sri Lanka durch den Tsunami umgekommen und Hunderttausende waren obdachlos. Amma stellte 700.000 Dollar als Notfallhilfe für Sri Lanka zur Verfügung.

Als Amma durch Sri Lanka reiste, sah sie das ganze Ausmaß der Zerstörung in der Küstenregion. Sie besuchte die Notlager in den Regierungsbezirken Ampara und Hambantota.

Zum Erstaunen von Bobachtern reihten sich in Ampara sowohl Soldaten der LTTE (Tamil Tigers) als auch Angehörige der gegnerischen singhalesischen Regierungstruppen in die Darshan-Schlange ein. Die Staatssekretärin eines Ministers, die mittlerweile verstorbene Maheshvari, war überwältigt von der Tatsache, dass die verfeindeten Gruppen an diesem Ort zusammenfanden. Sie sagte: „Es war jenseits aller Vorstellungskraft, die gegnerischen

Gruppen bei Amma zusammen zu sehen. Amma ist wirklich eine Einheit stiftende Kraft, ein einzigartiger Katalysator."

Der folgende Auszug stammt aus Ammas Rede vom Dezember 2012, gehalten anlässlich der UNAOC-Konferenz in Shanghai. Das Hauptthema der Konferenz war: ‚Wie können die Gesellschaften des asiatischen und südpazifischen Raums auf geeignete Weise zu einer globalen Verständigung und zur Koexistenz und Zusammenarbeit zwischen den Kulturen und Zivilisationen beitragen?'

Amma sagte: „Es ist wichtig zu verstehen, dass die Stärkung und das Zusammenkommen unserer Gesellschaft nicht allein in den Verantwortungsbereich der Regierungen fällt. Es ist die Pflicht eines jeden einzelnen Menschen. Wenn Nichtregierungsorganisationen, kleinere und größere Unternehmen, Medien sowie soziale, kulturelle und globale Führungspersönlichkeiten einander die Hand reichen, um eine neue, auf Werten basierende Gesellschaft zu schaffen, wird dies mit Sicherheit einen positiven Wandel mit sich bringen. Die meisten Regierungen tun ihr Bestes, um zu helfen, doch manchmal führen die bereit gestellten Geldmittel für Zuwendungen und Darlehen nicht dazu, dass die untersten Schichten der Gesellschaft erreicht werden, da der Staat viel Geld für die Gehälter seiner Bediensteten ausgeben muss. Stellen wir uns vor, wir gießen Öl von einem Glas in ein anderes. Wenn wir nun dieses Öl nach und nach in 100 weitere Gläser gießen, bleiben für das letzte Glas nur ein paar Tropfen Öl übrig. In ähnlicher Weise wird manchmal das Geld, das die Regierung beiseite legt, um den Bedürftigen in Form von Zuwendungen und Darlehen zu helfen, die betreffenden Menschen nicht erreichen. Der Staat muss jede Menge Geld für die Gehälter der Beamten und das Abhalten von Sitzungen ausgeben. Dies führt naturgemäß zu einem Aufschub bei der Verwirklichung des Projektes. Wenn sich jedoch Menschen auf freiwilliger Basis zusammenfinden, kann mit weniger Geld in kürzerer Zeit mehr erreicht werden." Mit Hilfe von Ammas unvergleichlichen Führungsqualitäten war unsere NRO in der Lage, alle initiierten Wiederaufbau-Projekte für den Tsunami zu verwirklichen. Dies beinhaltete die Bereitstellung von Nahrung, Kleidung, Wohnungen, ärztlicher Versorgung, berufsbildenden Maßnahmen und Job-Angeboten für 2.500 Menschen aus den betroffenen Gebieten. Dazu kamen Fischernetze und Boote für Fischer, psychologische Beratung für mehr als 10.000 Kinder, um ihnen über den emotionalen Schock und ihre Wasserphobie hinwegzuhelfen, berufsbildende Schulungen für Frauen, die ihren Mann auf See verloren hatten oder der nicht länger auf das Meer hinausfahren wollte usw. Die NRO spendete den Frauen sogar Hunderte von Nähmaschinen und bot ihnen Nähkurse an.

Es verdient besondere Erwähnung, dass Amma selbst die Kinder zu Schwimmkursen in den Swimming-Pool des NRO-Zentrums mitnahm, um ihnen dabei zu helfen, die Angst vor dem Wasser zu überwinden. In dem Dorf bei Amritapuri starben durch den Tsunami mehrere Kinder. Einige Frauen, die ihre Kinder verloren hatten, konnten nicht mehr schwanger werden, da sie sich zuvor eines operativen Eingriffs unterzogen hatten. In einer Geste des Mitgefühls wies Amma die Ärzte des AIMS-Krankenhauses an, diesen Familien eine Rekanalisierung der Eileiter oder eine In-Vitro-Befruchtung anzubieten, um auf diese Weise das Trauma durch die Katastrophe zu lindern. So war es den meisten Frauen möglich wieder schwanger zu werden und Kinder zu bekommen.

In seinem Grußwort bei einer Veranstaltung in Amritapuri, die nach dem Tsunami stattfand, sagte Mr. Oommen Chandy, Ministerpräsident von Kerala, u.a. Folgendes: „Ammas gütige

Hand inspirierte die Hilfs- und Wiederaufbauaktivitäten im ganzen Bundesstaat. Amma, die ein großes Herz besitzt, das die Güte der ganzen Gesellschaft symbolisiert, vollendete den Bau der Tsunami-Häuser in einem raschen Tempo. Ich weiß nicht, wie ich ihr für die bedingungslose Hilfe und die Fülle karitativer Dienste, die sie erbracht hat, danken soll. Die Regierung war nicht in der Lage, ihr Versprechen einzuhalten, den Opfern vor Beginn des Monsuns neue Häuser zu übergeben. Ammas Hilfsmaßnahmen sind wahrlich ein Beispiel für andere."

Was den Menschen am meisten half, war die persönliche Anteilnahme, das mitfühlende Zuhören und die Ermutigung, sich wieder ins Leben hinauszuwagen, sowie die Hoffnung, die Amma ihnen auf diese Weise gab.

Amma sagt: „Tatsächlich sind wir am glücklichsten, wenn wir anderen helfen, und wir fühlen uns am ehesten allein – einsam –, wenn wir nur auf unsere Probleme und Wünsche fixiert sind. Wenn unsere Ziele mit den universellen Zielen übereinstimmen, wenn wir unsere Rolle im Universum verstehen und dementsprechend handeln, kann uns nichts aufhalten."

Wenn wir ,im Fluss' sind, dann offenbaren sich Dinge, die wie Hindernisse scheinen, als Sprungbretter zum Erfolg, da wir nun die Leiter der Liebe und des Mitgefühls hinaufklettern. Falls wir an Gott glauben, an eine höchste Macht, die alles überwacht, sollten wir versuchen, die Erfahrungen, Situationen und Leiden der Menschen von Gottes Standpunkt aus zu betrachten. Falls du ein Atheist bist, dann glaube an rechtschaffene Handlungen. Helfe den Menschen, ohne etwas dafür zu erwarten. Beide Haltungen führen uns zu Gott, selbst wenn wir kein Vertrauen in eine höchste Macht besitzen.

Amma sagt: „'Existiert Gott oder nicht?' Dies mag ein Thema für heiße Debatten sein. Doch kann kein Atheist bestreiten, dass heutzutage Menschen auf der Welt leiden. Den leidenden Menschen zu dienen ist wahre Verehrung Gottes. Doch benötigt Gott nichts von uns, denn er ist der Spender von allem. Wenn wir in unserer Unwissenheit etwa annehmen, dass wir Gott Dinge darbringen könnten, dann ist dies das gleiche, als wenn wir der Sonne eine Kerze zeigten und sagten: ‚Ich bin sicher, dieses Licht wird dir helfen, deinen Pfad zu finden!‘ Wenn Gott wirklich etwas von uns erwartet, dann ist es ein Herz, das das Leid der Armen und Niedergedrückten versteht. Hebt sie empor, dient ihnen und zeigt ihnen euer Mitgefühl.“

KAPITEL SIEBZEHN

Führung von innen

Amma sagt: „Wenn wir spazieren gehen und unser Kopf unseren Füßen befiehlt, sie sollen anhalten, dann tun sie es. Wenn die Hände klatschen und der Kopf befiehlt, sie sollen damit aufhören, geben sie sofort Ruhe. Doch wenn wir unseren Gedanken befehlen, sie sollen aufhören, gehorchen sie? Nein. Wenn wir dasselbe Ausmaß an Kontrolle über unseren Geist erlangen wie über unseren Körper, dann ist das Ziel der Meditation erreicht."

Eine Entscheidungsfindung ist ein komplexer Vorgang, viele oft gegensätzliche Aspekte müssen abgewogen werden. Manchmal gibt es viele Optionen und es steht oft nur wenig Zeit zur Verfügung, um die Entscheidung zu treffen. Veränderungen in den Markttrends und der technischen Entwicklung müssen einbezogen werden. Die Teammitarbeiter und Facharbeiter müssen angeleitet sowie die Gesellschafter überzeugt werden. Der Einfluss auf indirekte oder periphere Partner muss einkalkuliert werden. Zusätzlich können plötzlich nie dagewesene Störungen auftauchen.

Diese Form der Entscheidungsfindung, die auf dem analytischen Denken beruht, ist ermüdend für den Geist, erschöpfend für den Körper und energetisch auslaugend. Heute findet die Kombination aus intuitiver und analytischer Entscheidungsfindung größere Beachtung, man nennt sie Quasi-Rationalität.

Wenn Sie sich überlegen, wie Sie sich verhalten, werden Sie wahrscheinlich feststellen, dass auch Sie oftmals Entscheidungen treffen, die der wirtschaftlichen Logik widersprechen. Es gibt eine langsame, aber stetige Verschiebung zugunsten dieses ‚irrationalen' Entscheidungsfindungsprozesses. Der Versuch, Erkenntnisse aus der Psychologie in wirtschaftliche Belange mit einzubeziehen wird Verhaltensökonomie genannt. Es scheint sich dabei um eine subtil ausbalancierte Technik zu handeln, die rationelles Denken und psychologische bzw. intuitive Faktoren miteinander kombiniert. Oftmals vollzieht sich dies als ein kontemplatives Suchen; der Entscheidungsträger kommt von der Anstrengung zur Mühelosigkeit. Handeln ist eine Aktivität und Nicht-Handeln kehrt diesen Vorgang um. Wir müssen einen Schritt aus dem ganzen Prozess heraustreten und ihn vergessen. Wir müssen eine Pause machen, um dem spontanen Teil unseres Geistes Gelegenheit zu geben, die Führung zu übernehmen. Nur dann werden die erwünschten Dinge geschehen.

Über Jahrhunderte nutzten Unternehmensleiter nur rationales Denken bzw. die logische Analyse als Technik zur Problemlösung. Intuitive Entscheidungsfindung bzw. der Gebrauch von Intuition als bedeutsames Mittel, Antworten auf komplexe Probleme zu finden, ist keineswegs eine neue Idee, wenn auch neu in der Wirtschaftswelt. Es gibt viele, vor allem asiatische Zivilisationen, in denen die Intuition eine zentrale Rolle bei der Suche nach Antworten und Lösungen spielt. Präziser gesagt, in der Vergangenheit war eine beträchtliche Zahl von Entscheidungsträgern eher intuitiv als rational ausgerichtet.

Angenommen, man versucht, sich an ein altes Lied zu erinnern. Es war ein schönes Lied, aber es fällt uns einfach nicht ein. Vielleicht liegt es uns sogar auf der Zunge. Doch keine der üblichen Methoden, wie etwa sich am Kopf kratzen, die Augen schließen oder im Zimmer auf- und abgehen, funktioniert.

Nachdem sich alle Bemühungen als nutzlos erwiesen haben, gibt man auf und vergisst die Geschichte. Später – nach einem kurzen Mittagsschlaf – liegt man noch kurz entspannt im Bett und schaut die Decke an und plötzlich taucht wie aus dem Nichts die Erinnerung an das ganze Lied auf. Die anfänglichen Bemühungen, das Lied zu erinnern, hatten ein Tauziehen zwischen dem bewussten und dem unterbewussten Geist ausgelöst. Das Lied ist uns eigentlich genau bekannt, doch es versteckte sich im Unterbewusstsein und von dort musste es hervorgeholt werden. Dafür müssen wir eine Verbindung der beiden Teile des Geistes ermöglichen. Das Problem ist, anstatt die beiden Bereiche zu verbinden, macht der Druck, der durch die Anstrengung erzeugt wird, die Kluft noch größer. So rückt die Erinnerung des Liedes, die Lösung, nach der wir suchen, immer weiter fort. Nur in der Stille des Geistes ereignen sich Offenbarungen. Dies ist genau das, was passiert, wenn wir ruhig auf unserem Bett liegen. Unruhe und Spannung weichen und das Lied taucht spontan auf.

Alle Bemühungen, die wir unternommen haben, waren tatsächlich erforderlich. Sie waren nötig, um uns in den Zustand der Mühelosigkeit emporzuheben. Mit anderen Worten, harte Arbeit ist wichtig, um den Zustand völliger Entspannung zu erreichen. Nur ein ruhiger Geist ist fähig, präzise Antworten zu geben. Menschen haben eine natürliche Neigung zur Stille. Es ist eine tiefe Sehnsucht. Somit besteht eine gute Chance, dass intuitive Entscheidungsfindung funktioniert, vorausgesetzt wir lassen unsere Energien in den Weg der Stille und Ruhe münden.

Der Ausruf ‚Heureka!' (Ich habe es gefunden!) wird dem griechischen Mathematiker Archimedes zugeschrieben. Antiken Berichten zufolge rief er: „Heureka!", als er ein Bad nahm und bemerkte, dass der Wasserstand höher war, als bevor er ins Wasser stieg. Plötzlich wurde ihm klar, dass das Volumen der verdrängten Wassermenge identisch sein musste mit dem Volumen seines Körpers, soweit er sich im Wasser befand. Archimedes war damit beschäftigt, das Volumen unregelmäßiger Körper zu bestimmen, ein Problem, das zuvor unlösbar war. Seine neue Erkenntnis, dass die verdrängte Wassermenge dem Volumen des eingetauchten Gegenstandes entsprach, löste dieses Problem. Man sagt, er wollte allen unbedingt seine Entdeckung mitteilen, so dass er aus der Badewanne sprang, nackt auf die Straße lief und ‚Heureka‘ rief. „

Wie kam Achimedes zu der Entdeckung? Er muss in einem völlig entspannten Zustand gewesen sein, als er im Bad war. Die Erfahrung, dass man sich beim Baden entspannt,·werden sicherlich viele schon gemacht haben. Im Zustand völliger Stille und absoluten Friedens dämmerte dem großen Wissenschaftler die Antwort, nach der er so lange gesucht hatte.

Nach Ansicht moderner Managementexperten und Berater ist das Unterbewusste die Quelle intuitiver Entscheidungsfindung. Vom psychologischen Standpunkt aus mag dies richtig sein. Doch von einer spirituellen Perspektive aus gesehen, ist die Wahrheit, dass wir die genaue Quelle intuitiver Lösungen nicht kennen. Wenn das Unterbewusstsein von Gedanken und Emotionen erfüllt ist, dann ist es keine reine Quelle für gute Antworten. Wir können lediglich feststellen, dass diese Antworten von einem jenseitigen Ort kommen, denn das Unterbewusstsein verfügt über viele subtile und machtvolle Gedanken.

Amma formuliert es auf diese Weise: „Wenn wir einen Geigenspieler, einen Sänger oder einen Flötisten fragen, wo die Musik herkommt, sagt er wahrscheinlich: ‚Von meinem Herzen.‘ Würde man das Herz operativ öffnen, werden wir dann dort Musik finden? Wenn sie sagen würden, die Musik komme aus ihren Fingerkuppen oder ihrer Kehle, würde man die Musik finden, wenn man dort danach suchte? Woher kommt sie also? Sie entsteht an einem Ort jenseits des Körpers und des Geistes. Dieser Ort ist die Wohnstatt des reinen Bewusstseins, der unendlichen, mächtigen Kraft in unserem Innern. Ob wir die Familie betreuen, Geschäftsführer oder ein verantwortlicher Politiker sind, die wichtigste Sache, die wir kennen müssen, ist unser Selbst. Das ist wahre Stärke. Wir müssen unsere eigenen Fehler, Mängel und Begrenzungen erkennen und akzeptieren, um dann zu versuchen, sie zu überwinden. Das ist der Augenblick, in dem eine wahre Führungspersönlichkeit geboren wird."

Amma redet in einfachster Sprache und benutzt die einfachsten Beispiele. Manchmal spricht sie über Dinge, die uns unbedeutend vorkommen, aber wenn wir darüber nachdenken, tut sich eine große Welt auf, die in jenen vermeintlich unwichtigen Worten verborgen vorhanden war.

Oft spricht Amma mit Doktoranden und Naturwissenschaftlern über Forschungsfragen. Bei diesen Gesprächen verwendet sie vielleicht nicht die wissenschaftlichen oder technischen Begriffe, doch bringt sie selbst die verwickeltsten wissenschaftlichen Probleme sehr prägnant auf den Punkt. Sie gibt den Wissenschaftlern sogar Ratschläge, welchen Forschungsthemen sie sich zuwenden sollten. Es ist erstaunlich, wenn man Amma hört, wie sie mit Nobelpreisträgern über ihre Forschungsthemen spricht, mit Ärzten über die verschiedenen medizinischen Traditionen, mit Ingenieuren über verschiedene Aspekte des Hausbaus, mit Anwälten über unterschiedliche Methoden, einen Prozess zu führen und mit Managern über die neuesten Entwicklungen im Managementbereich.

Unlängst traf Amma eine Gruppe von Wissenschaftlern aus aller Welt, die an der Veranstaltung *Amrita Bioquest 2013* teilnahmen, die in der Amrita-Universität stattfand. Es wurde die Frage aufgeworfen, in welcher Weise man Pflanzen zur Heilung von Krankheiten verwenden könnte. Amma antwortete: „Ich weiß nichts. Ich teile den Forschern nur meine Gedanken mit." Die Wissenschaftler lächelten, denn sie wussten, dass die Forscher vom Amrita-Biotechnologie-Institut vor kurzem eine bedeutende wissenschaftliche Schrift herausgebracht hatten, deren Forschungsgegenstand von Amma angeregt worden war.

Ich möchte hier eine Geschichte weitergeben, die mir Dr. Ashok Banerjee, der frühere wissenschaftlicher Leiter am Bhabha-Center für nukleare Forschung und Dr. Bipin Nair, der Dekan und Professor an der Amrita-Hochschule für Biotechnologie, erzählt haben.

Eines Tages kamen Dr. Nair, Dr. Banerjee und Dr. Venkat Rangan, der Vizekanzler der Amrita-Universität, zu Amma, um mit ihr gewisse Belange der Forschung zu besprechen.

Im Lauf des Gesprächs erkundigte Amma sich über den Stand der Forschung im Bereich Biotechnologie. Als sie erklärten, das Hauptaugenmerk der Forschung richte sich auf die Mechanismen der verzögerten Wundheilung bei Diabetespatienten, beschrieb Amma wortgewandt die traditionelle Heilmethode, Wunden mit Cashewnussöl zu behandeln, das man durch Erhitzen der Schalen der Cashewnüsse gewinnt.

Obwohl Dr. Banerjee ein treuer Anhänger Ammas ist, erschien ihm die plötzliche Hervorhebung der medizinischen und heilenden Wirkung von Cashewnussschalen, einem Abfallprodukt, und ihr Vorschlag, dies sogar zu einem Forschungsthema zu machen, ein wenig übertrieben. Er sprach seine Gedanken Amma gegenüber nicht aus, doch er erzählte mir, dass er innerlich an der Genialität dieser Idee zweifelte. Aus früheren Erfahrungen wussten die Mitglieder der Gruppe jedoch, dass in Ammas Worten und Gedanken immer eine Perle steckt. Sofort besorgten sie aus dem Abfall einer Fabrik in Kollam die Schalen von Cashewnüssen, extrahierten eine chemische Verbindung mit dem Namen ‚Anarcardische Säure' und demonstrierten (zum ersten Mal) die direkte Wirkung dieser chemischen Verbindung auf ein Protein, das bei der Wundheilung eine Rolle spielt. Interessanterweise zeigte die Untersuchung, dass diese Verbindung auch bei verschiedenen Krebsarten eine positive Wirkung aufwies. Diese erstaunliche Entdeckung führte zu einer engen Zusammenarbeit mit der Berkeley-Universität in Kaliforniern sowie dem Scipps-Forschungsinstitut in San Diego, beides hochrangige US-Forschungsinstitute. Später begutachtete der Indische Innovationsrat, unter der Leitung von Mr. Sam Pitrodas, die erwähnten Forschungsergebnisse und empfal dem Nationalen Rat für wissenschaftliche und industrielle Forschung der indischen Regierung dringend, dieses Projekt zu finanzieren. Ammas profunde und doch so einfache Anregung über die scheinbar unbedeutende Cashewnussschale verhalf uns innerhalb sehr kurzer Zeit zu einem bahnbrechenden Durchbruch. Sonst hätten Wissenschaftler möglicherweise Jahre intensiver Forschung benötigt und viel Geld ausgegeben, um eine solche Entdeckung zu machen. Dr. Banerjee beendete seine Erzählung, indem er sagte: „Ich wusste nicht, dass Amma auch eine Wissenschaftlerin ist."

Viele Abteilungen der Amrita-Universität arbeiten, auf der Basis von Ammas Ratschlägen für Forschungsfelder, erfolgreich an verschiedenen Projekten: Verwendung von Sensoren zur Früherkennung von durch starke Regenfälle verursachten

Erdrutschen, haptische Technologie zur Entwicklung manueller Fertigkeiten, Verwendung nanowissenschaftlicher Erkenntnisse im Kampf gegen den Krebs, didaktische Online-Labore zum Auswerten von Lernprozessen, Krankenhaus-Informationssysteme und die Verwendung dieser Daten zum Nutzen der Gesellschaft, Cybersicherheit, virtuelle Labore, interaktives E-Learning etc. Unter Ammas Leitung arbeiten Wissenschaftler ebenfalls an einem bedeutenden Projekt, eine kostengünstige Insulinpumpe zu entwerfen und herzustellen.

Ich zögere, Ammas Art des Denkens, der Entscheidungsfindung und der Umsetzung als intuitiv zu bezeichnen. Diesen Aspekt möchte ich in diesem Buch nicht weiter vertiefen, doch möchte ich bemerken, dass ihr Ansatz einer völlig anderen Dimension angehört

Der Geist ist ein Fluss oder Strom bruchstückhafter Gedanken. Um die Wahrheit hinter allen Dingen zu erfassen, ist Eins-Gerichtetheit (one-pointedness) unentbehrlich. Der denkende Geist trennt und zerteilt. Er ist nicht vollkommen, er blockiert sogar den natürlichen Fluss der Gedanken, bis wir ihn dahin bringen, ruhig und still zu werden. In der Stille kann intuitives und kontemplatives Denken entstehen.

In seiner Abhandlung sagt Chanakya: „Bevor du eine Arbeit beginnst, solltest du dir immer drei Fragen stellen: Warum tue ich das? Was wird das Ergebnis sein? Werde ich erfolgreich sein? Nur wenn du tief darüber nachdenkst und auf diese Fragen zufriedenstellende Antworten findest, solltest du weitermachen."

‚Tief nachzudenken' bedeutet, in eine meditative Stille zu gehen und sich auf bedeutsame Fragen zu konzentrieren, denn nur wenn Fragen korrekt gestellt werden, kommen die richtigen Antworten. Wie Solomon Ibn Gabirol, ein hebräischer Dichter und jüdischer Philosoph sagte: „Die Fragen eines weisen Mannes enthalten schon die halbe Antwort." Untersuchungen zeigen, dass Managemententscheidungen nur eine karge Erfolgsquote von fünfzig Prozent haben. Doch die Kosten beim Entscheidungsfindungprozess sind im Steigen begriffen. Besorgt über diese alarmierende Situation begannen Forscher an der University of Queensland Business School damit, die verschiedenen Faktoren und Möglichkeiten zu untersuchen, die den Entscheidungsstil von Managern beeinflussen und wie man diese Entscheidungen verbessern kann.

Alle Zweige innerhalb einer Organisationsstruktur besitzen komplexe Stufen, Abteilungen, Unterabteilungen, die zu berücksichtigen sind, wenn eine Entscheidung getroffen werden soll. Dieser Prozess ist überaus kompliziert. Die meisten Geschäftsleute sind sehr verspannt. Sie brüten und machen sich Sorgen über das mögliche Ergebnis. Stattdessen sollten wir zuerst die Regeln des Systems genau befolgen und dann entspannen.

Es kommen einem die Worte Kiran Majumdar Shaws in den Sinn, dem Vorsitzenden und Geschäftsführer von Biocon Limited: „Ammas Persönlichkeit ist eine außergewöhnliche Synthese überwältigenden Mitgefühls und intellektueller Kompetenz, die jeden in Erstaunen versetzt."

KAPITEL ACHTZEHN

Liebe, die reinste Form
der Energie

Als Antwort auf die Frage eines Reporters, welches ihre Lieblingsfarbe sei, sagte Amma: „Die Farbe des Regenbogens, sie repräsentiert Liebe und Einheit. Einzeln unterscheiden sich die sieben Farben voneinander, doch im Regenbogen sehen wir sie vereint. Obwohl er nur eine kurze Lebensdauer hat, macht der Regenbogen alle glücklich. Das wesentliche Prinzip hinter der Einheit ist die Liebe. Und es ist die Liebe welche die Schönheit, Vitalität und Anziehungskraft des Lebens ausmacht. Somit sind Leben und Liebe nicht zwei, sondern ein und dasselbe."

Die meisten internationalen Konzerne, egal wie groß sie sind, glauben wenig oder gar nicht an Liebe und Mitgefühl als Hilfsmittel für geschäftlichen Erfolg. Die vielfach angegebene Begründung ist: Weibliche Eigenschaften sind im Geschäftsleben negativ. Es herrscht das Missverständnis vor, dass Liebe und Mitgefühl sie gegenüber der Konkurrenz und den Kunden verwundbar machen würden. Daher erscheinen für die heutigen Fachleute Liebe und Mitgefühl im Geschäftslebens deplaziert. Doch Begriffe wie ‚Engagement‘ und ‚Leidenschaft‘, die die Experten gern in Vorträgen, Artikeln und Gesprächen verwenden, basieren tatsächlich auf Energie. Die verborgene Macht hinter diesen Ausdrücken ist die Liebe, ohne die Erfolg und Erfüllung unmöglich sind.

Manche Unternehmensberater halten die Liebe für eine veraltete Idee oder Theorie. Sie prägen neue Wörter und Phrasen, um die Welt glauben zu machen, sie würden etwas völlig anderes, ein stilvolles, neues Konzept vermitteln. Was die Menschen beispielsweise ‚New-Age-Philosophie‘ oder die populäre ‘hier-und-jetzt‘-Idee nennen, ist keineswegs neu. Es ist ‚alter Wein in neuen Schläuchen‘. Die Seher vor langer Zeit hatten dies bereits in den Upanishaden erklärt. Ein Ausspruch aus den Schriften lautet: ‚Eha atra iva.‘ – Es bedeutet: ‚Sei hier und jetzt.‘ Gott ist hier, Seligkeit ist hier, Leben ist hier, in diesem Augenblick. Dies ist die Summe und Substanz dessen, was der Ausspruch aussagt. Wir können tatsächlich den keimhaften Ursprung fast aller neuen und innovativen Ideen in den alten Schriften finden, wenn auch nicht die exakten wissenschaftlichen und technischen Begriffe verwendet werden.

Carl Sagan, der populärwissenschaftliche amerikanische Autor, schrieb: „Für kleine Geschöpfe wie wir es sind, ist die riesige Weite des Universums nur durch die Liebe erträglich.“ Erfolg kann nicht für sich allein existieren; er bedarf der Unterstützung durch die Liebe. Scheinbar steigen wir auf der Leiter des Erfolges ohne die Unterstützung der Liebe aufwärte, doch werden wir – ohne Liebe – an Schwung verlieren. Es ist unsere Entscheidung, ob wir das helle Licht der Liebe im Herzen tragen wollen, während wir die Leiter hinaufklettern. Doch sollten wir daran denken, dass ohne die bedingungslose Unterstützung der Liebe der Aufprall bei einem möglichen Fall umso härter sein wird, je höher wir hinaufklettern.

Amma erläutert dieses Thema weiter: „Man kann die Liebe mit einer Leiter vergleichen. Die meisten Leute befinden sich auf der untersten Sprosse. Dort solltet ihr nicht bleiben. Steigt vielmehr Schritt um Schritt von der niedrigsten Stufe ungeläuterter

Emotion hinauf bis zum höchsten Seinszustand der reinen Liebe. Reine Liebe ist die reinste Form der Energie. In diesem Zustand ist Liebe keine bloße Emotion. Es ist ein stetiger Fluss reiner Bewusstheit und unbegrenzter Kraft. Eine solche Liebe kann verglichen werden mit unserem Atem. Man sagt doch nicht: ‚Ich atme nur in Anwesenheit meiner Familie und Verwandten, aber niemals vor meinen Feinden und Leuten, die ich hasse.‘ Nein. Wo immer man ist und was immer man macht – das Atmen geschieht einfach. In ähnlicher Weise spendet man allen Liebe, ohne jeglichen Unterschied und ohne etwas zurück zu erwarten. Immer ist man der Spender, niemals der Nehmer."

Die Interpretation der Liebe seitens der jungen Generation scheint mehr die einer verfügbaren Emotion zu sein, die jederzeit aufbereitet werden kann. ‚Gebrauche die verfügbare Liebe und wirf sie weg‘, – eine solche Idee wirkt attraktiv auf junge Menschen; sie nehmen sie enthusiastisch auf. Kürzlich traf ich einen jungen Mann, den Sohn eines reichen Geschäftsmannes. Mitten im Gespräch sagte er: „Mein Vater hat seltsame Ideen über das Geschäft. Er glaubt, man müsse den Angestellten Wertschätzung entgegenbringen, beim Geschäft ehrlich sein, den weniger erfolgreichen Menschen helfen und er hat noch viele andere alte primitive, unwichtige und unpraktikable Ideale."

Ich sehe als interessanten Aspekt in der Einstellung des Sohnes, dass der Vater das Geschäft aus dem Nichts aufgebaut und über viele Jahre gefördert hat. Es ist sozusagen sein Schweiß und sein Blut darin. Ich war schockiert, die unsensiblen und gedankenlosen Bemerkungen des Sohnes über die guten Eigenschaften seines Vaters hören zu müssen. Einen Augenblick lang brachte mich sein Kommentar zum Schweigen. Doch dann konnte ich nicht umhin ihm zu sagen: „Kein Wunder, dass Sie so empfinden. Sie sind nicht durch all die Schmerzen, Kämpfe. Leiden und Entbehrungen gegangen, die ihr Vater erdulden musste. Das macht einen riesigen Unterschied in der Wahrnehmung aus. Er versteht vieles, während Sie nicht über genug Erfahrung verfügen, um seine reiche Wachsamkeit zu besitzen. Hoffentlich werden Sie aus Erfahrung lernen."

Es gibt einen bekannten Werbeslogan für Goldschmuck: ‚Old is Gold' (Alt ist Gold). Das wahre Gold ist die Liebe. Sie ist alt, sie ist neu und immer frisch. Wie das Sprichwort sagt: ‚Liebe ist der älteste Reisende auf Erden.' Ich würde sagen, die reine Energie der Liebe ist ursprünglich, unbezahlbar und unersetzlich, denn Liebe ist die einzige Wahrheit.

Obwohl wir von Fällen sexueller Belästigung am und außerhalb des Arbeitsplatzes hören, welche die der Liebe innewohnende Kraft herabzuwürdigen scheinen, so ist die Liebe dennoch eine ewige Wahrheit und wird es immer bleiben.

Das wird sich nie ändern. Amma sagt: „Wir können keine neue Wahrheit einfordern. Zwei plus zwei sind immer vier. Können wir eine fünf daraus machen? Das ist unmöglich. In ähnlicher Weise ist die Wahrheit fest begründet; sie ist unverfälscht und unveränderlich. Sie ist reine Liebe, unsere wahre Natur, Energie in ihrer reinsten Form."

Die Fähigkeit uns auszudrücken und kreativ, produktiv und kommunikativ zu sein hängt von unserer Kapazität ab, uns mit der Liebe in uns zu identifizieren. Und dies bestimmt den Grad an Glück und Zufriedenheit, den wir empfinden.

In seiner Autobiographie sagt Charles Darwin: „Ich habe erwähnt, dass mein Geist sich im gewissen Sinne während der letzten zwanzig oder dreißig Jahre verändert hat. Bis zum Alter von dreißig Jahren – vielleicht auch etwas länger – machten mir verschiedene Arten der Dichtkunst wie etwa die Werke von Milton, Gray, Byron, Wordsworth, Coleridge und Shelley viel

Vergnügen und selbst als Schuljunge empfand ich eine intensive Freude an Shakespeare, speziell an seinen historischen Dramen. Ich habe auch bemerkt, dass mir früher Malerei und Musik großes Entzücken bereiteten. Doch inzwischen ertrage ich seit vielen Jahren kaum eine Zeile Poesie. Kürzlich habe ich versucht, Shakespeare zu lesen und empfand es so unerträglich langweilig, dass es mich anwiderte. Ich habe auch beinahe allen Geschmack an Malerei und Musik verloren. Mein Geist scheint zu einer Art Maschine geworden zu sein, die nur darauf aus ist, allgemeine Gesetze aus einer großen Sammlung von Fakten abzuleiten. Wieso dies zu einer Verkümmerung all jener Teile des Gehirns geführt haben soll, von denen der Geschmack für diese Dinge abhängt, ist mir unverständlich. Wenn ich mein Leben noch einmal leben könnte, würde ich es mir zur Regel machen, zumindest einmal pro Woche in einem Werk der Dichtkunst zu lesen oder Musik zu hören. Der Verlust des Geschmacks für Dichtung und Musik ist ein Verlust an Glück und kann möglicherweise schädliche Folgen für den Intellekt und mehr noch wahrscheinlich für den moralischen Charakter nach sich ziehen, indem er den gefühlsmäßigen Teil unserer Natur schwächt."

Obwohl Darwin hier nicht ausdrücklich die Liebe erwähnt, ist er doch vermutlich entweder zu einer lieblosen Person geworden oder zu einem Mann, der wenig Liebe in seinem Herzen trug. Wenn Musik und Poesie einen Menschen nicht erfreuen, dann wird wahrscheinlich auch die Liebe beinahe unerreichbar sein.

Vergessen wir im Namen des Firmenaufbaus, dem Erwerb von Reichtum, Ruhm und Ehre sowie von Macht, dass Liebe die größte aller Mächte und das schönste Geschenk Gottes ist? Es wäre katastrophal, wenn Liebe im Bereich von Wirtschaft und Politik zu einer vergessenen Sprache würde. Erstere (Wirtschaft) ist der Produktionsleiter der Menschheit, während letztere

(Politik) federführend für unseren Schutz ist. Wie wird es um uns bestellt sein, wenn diese zwei Oberhäupter der Menschheit die wichtigste Zutat des Daseins vergessen?

Wenn ich sage, Prinzipien der Liebe und des Mitgefühls sollten in die Gedanken und Handlungen von Wirtschaftsführern einfließen, meine ich damit nicht eine emotionale Liebe. Wenn Liebe von Emotionen abhängt, kann sie einen destruktiven Charakter annehmen, denn solch eine Liebe führt zu unkluger Anhaftung. Durch den Verlust der Unterscheidungsfähigkeit kann sie dann für den Betroffenen sowie die Gesellschaft mehr Schaden als Nutzen bringen.

Wovon ich hier spreche, ist vielmehr eine liebevolle und mitfühlende Sichtweise, die auf spirituellen Prinzipien beruht. Dies bedeutet ein aufrichtiges Bemühen, die Dinge von einer weiteren Perspektive aus zu betrachten und den Teammitarbeitern ungeachtet ihres Titels und Ranges ein bestimmtes Maß an Gleichbehandlung, Respekt, Anerkennung und Interesse entgegenzubringen.

Amma fordert ihre Teammitarbeiter immer wieder dazu auf, die verschiedenen Optionen zu diskutieren und zielgerichtet zusammenzuarbeiten, um Konsens bei allen Entscheidungen zu erreichen. Besonders wichtig ist ihr, dass die Forschung interdisziplinären Charakter hat, einmal sicherlich aufgrund des wertvollen Beitrages, den jede einzelne akademische Abteilung oder Disziplin bei der Lösung eines Forschungsproblems leisten kann, zum andern aber, um die Wissenschaftler der gesamten Universität zu ermutigen zusammenzuarbeiten, einander zu respektieren und voneinander zu lernen. Andernfalls könnten die Forscher leicht zu isolierten Inseln werden, die ihre Entscheidungen auf der Grundlage ihrer begrenzten Mittel treffen. Sind sie jedoch gezwungen, für ein gemeinsames Ziel mit anderen zusammenzuarbeiten, kommen auf natürliche Weise Bescheidenheit, respektvolles Zuhören, Wachsamkeit und Engagement ins Spiel. Auch wenn wir annehmen, wir wüssten die Lösung, der Konsens zur Methode der Entscheidungsfindung erfordert, dass wir offen bleiben für Alternativen und die Sichtweise von anderen. Wenn es darum geht, eine wichtige Entscheidung zu treffen wie etwa, eine riesige Summe Geld in ein neues unternehmerisches Vorhaben zu investieren oder in eine andere Stadt oder ein anders Land zu expandieren, benötigen Firmen möglicherweise mehrere Monate für Brainstorming, Planung, mit Experten verhandeln etc., um das Für und Wider abzuwägen. Es wird verschiedene Kommissionen geben, bei denen endlos über die Fragen gegrübelt wird.

Im Unterschied zu diesem schwerfälligen System besteht Ammas Methode darin, plötzlich Veränderungen vorzunehmen und sie sofort umzusetzen. Manchmal fordert sie eine Person auf, von ihrem Posten zurückzutreten und übergibt die Verantwortung einer anderen. Dies kann jederzeit und überall passieren. Amma trifft Entscheidungen unterwegs auf Reisen in Indien, wenn sie mit Hunderten in einem Park sitzt, auf dem Bürgersteig, in einem abgelegenen Dorf, auf dem Flughafen, im Flugzeug oder auch während eines Darshan-Programms, wenn sie ihre Aufmerksamkeit jedem einzelnen der Tausenden schenkt, die gekommen sind.

Die Entscheidung zum Beispiel, einen Wechsel bei einem bestimmten humanitären Projekt oder in einer der Institutionen herbeizuführen, kann in Form einer Anordnung, einer demütigen Bitte oder einer liebevollen und mitfühlenden Interaktion erfolgen, wobei sie mit dem betreffenden Teammitarbeiter auf eine scherzhafte Weise kommuniziert. Was es auch sein mag, der Akzeptanzgrad ist in jedem Fall hoch. Es gibt keine Angst vor Bestrafung, auch keine Enttäuschung darüber, dass man degradiert, besiegt oder von der Macht verdrängt wurde. Der ganze Vorgang ist wunderbar. Er entfaltet sich wie das Aufblühen einer Knospe.

Wenn Amma die Nachlässigkeit oder den Mangel an Sorgfalt bei einer Gruppe oder einer Person herausstellt, mag es scheinen, als ob sie aufgebracht, unglücklich und von Schmerz erfüllt sei über die betreffende Person und den Vorfall. Auch in diese Stimmung mischen sich Augenblicke tiefer Liebe, Zuneigung und die Ermahnung, ständig wachsam zu sein.

Mitten in einer Unterhaltung macht Amma Witze und ermuntert die Leute um sie herum ebenfalls Witze oder Geschichten zu erzählen. Dies führt zu fröhlichen Augenblicken und anhaltendem Gelächter. Kurzum, der ganze Vorgang des ‚Einstellens und Feuerns‘ wird zu einem Freudenfest. Auf diese Weise verwandelt Amma eine scheinbar schwierige und unerfreuliche Erfahrung in eine unvergessliche, sowohl für die Personen, die ‚draußen‘ sind als auch für diejenigen, die ‚drinnen‘ sind. Dieser Vorgang wird zu einer Meditation, zu einem Ereignis, welches das Leben der Betroffenen bereichert.

Zuerst sollte man einem Menschen nahe kommen, sein Herz erreichen, bevor man erwarten kann, dass sich jemand ändert. Es ist hilfreich, Gefühle ins Spiel zu bringen, um einen Menschen zum Handeln zu bewegen. Amma versteht diese Wahrheit, sie ist eine Führungspersönlichkeit, die das Herz anspricht mit Liebe und Mitgefühl.

Eine Französin, Anhängerin Ammas, hatte die Angewohnheit kostspielige Dinge zu kaufen. Sie hatte eine Schwäche für Pelzmäntel, Designer-Parfüms, schicke Sonnenbrillen, teure Armbanduhren etc. Wenn diese aus irgendeinem Grund einmal etwas nicht kaufen konnte, geriet sie in Unruhe und litt sogar unter Schlafstörungen. Einmal besuchte sie Amma in Indien.

Sie blieb für einen Monat im Zentrum und kehrte dann nach Paris zurück.

Einen Monat später kam ein Brief von ihr.

Sie sprach darin von ihrer Gewohnheit, teure Dinge zu kaufen. Seit ihrer Rückkehr beherrschte sie der Gedanke, eine bestimmte Armbanduhr besitzen zu wollen. Da sie jedoch sehr teuer war, musste sie Überstunden machen und überdurchschnittliche Leistungen erbringen. Als sie genug Geld verdient hatte, um die Uhr zu kaufen, ging sie in ein Geschäft, in dem es eine große Auswahl an Uhren gab. Als sie die teure Armbanduhr sah, die sie haben wollte, erinnerte sie sich plötzlich an die Waisenkinder, Körperbehinderten und obdachlosen Menschen, die sie auf ihrer Reise in Indien gesehen hatte, und an Ammas mitfühlende Art sich um sie zu kümmern.

Sie dachte: „Wenn ich diese Uhr kaufe, wird sie mir vielleicht für eine gewisse Zeit Freude bereiten. Doch mit dem Geld könnte ich so vielen armen Menschen helfen, denen es an Nahrung, Kleidung, Medizin und guter Ausbildung mangelt. Eigentlich brauche ich ja nur die Zeit abzulesen und dafür reicht auch eine Uhr aus, die nur sieben Euro kostet. Sollte ich das Geld nicht lieber dafür verwenden, etwas Licht ins Dasein so vieler leidender Menschen zu bringen?" Sie ließ den Gedanken fallen, die kostspielige Uhr zu kaufen und entschied sich, das Geld stattdessen für die Armen und Bedürftigen zu verwenden.

Sie beendete den Brief: „Danke Amma, dass du mir geholfen hast, die Liebe in mir wiederzufinden und zu spüren. Ich war voller Spannungen und dachte fortwährend an die Dinge, die ich mir kaufen wollte. Nun empfinde ich ein tiefes Gefühl von Glück und Zufriedenheit, wie ich es niemals zuvor erfahren habe."

Wenn Amma über die Leistungen unserer NRO befragt wird, sagt sie: „Mein Reichtum sind die aufrichtigen, gutherzigen

Menschen in meinem Team. Sie tun alles." Obwohl Amma alle inspiriert und die Führung innehat, beansprucht sie nichts für sich. Sie hat weder Ansprüche, noch haftet sie an irgendetwas. Dies inspiriert die Menschen, bereitwillig ihre Dienste für die gute Sache, die Amma verkörpert, zur Verfügung zu stellen. Für mich gehört Amma zu der seltenen Spezies von Führungspersönlichkeiten, die man als ‚Erleuchtete Vorgesetzte' (Chief Enlightened Overseer) bezeichnen kann, das heißt sie ist frei von Anhaftungen, und nicht als ‚Geschäftsführerin' (Chief Executive Officer), die Autorität ausübt.

Ein Beispiel hierzu: Seit 1987 reist Amma durch die Welt. Jedes Jahr wechseln sich Reisen in die USA, nach Europa, Australien, in südasiatische Länder, nach Südamerika und Afrika ab. Bei einer solchen Reise in die USA gastierte Amma in New York im Haus eines Devotees, in Manhattan. Es war ein sehr großes, luxuriöses Apartment. Bei einer Pressekonferenz in diesem Haus sagte ein Reporter zu ihr: „Schauen Sie sich dieses Luxusapartment an und die obdachlosen Menschen draußen!" Amma antwortete: „Für mich ist die ganze Welt wie eine Mietwohnung. Es ist wie in einem Hotel zu wohnen. Man ist dort für kurze Zeit, ein oder zwei Tage, und dann zieht man aus. Ich halte an nichts fest." Amma fuhr fort: „Heute bin ich hier. Morgen werde ich in einem dunklen Zimmer im Manhattan-Zentrum sein. In Europa wohne ich in den Veranstaltungshallen. Die meisten dieser Orte sind Sporthallen. Während der zwei oder drei Tage des Programms wohne ich in einem Umkleideraum der Halle, in dem es weder Belüftung, noch richtige Badezimmer oder Toiletten gibt. Ich genieße beides."

Wenn wir den rechten Überblick haben, stehen wir tatsächlich über allen Umständen, betrachten alles mit Distanz und der Blick ist erhöht. Amma sagt: „Wer wirklich führen will, sollte ein

Diener der Gesellschaft sein. Doch heute will jeder der König sein. Wie wird sich die Situation in einem Dorf oder in einem Land entwickeln, wenn die Dorfbewohner darum kämpfen, König zu sein? In einer solchen Gesellschaft werden allein Chaos und Verwirrung herrschen. Doch das ist der Zustand unserer Welt heute. Die Menschen wollen nur Chefs sein. Das Ergebnis ist, dass niemand mehr den Menschen dienen will. Sei ein wahrer Diener der Menschen und du wirst der Erste unter ihnen sein."

Wenn wir das Wesen der Selbstlosigkeit erkennen, so wie wir sie überall in der Natur sehen, und sie zum wesentlichen Bestandteil unseres Lebens machen, wird das Gefühl tiefer Dankbarkeit unser Leben beherrschen. Alles andere verschwindet und wir werden selbst zur demütigen Gabe und nehmen in Dankbarkeit alles an, was das Universum uns schickt. An diesem Punkt vereinigen sich die femininen und maskulinen Energien und werden eins.

Ammas Erfolg ist der Triumph der reinen, weiblichen Energie, die sich harmonisch mit der mächtigen, männlichen Energie mischt. Amma formuliert es so: „Das tiefe Gefühl der Mutterschaft ist in Gefahr, bald vom Angesicht der Erde zu verschwinden. Nicht nur die Frauen, sondern auch die Männer müssen an ihren weiblichen Qualitäten arbeiten."

Die feminine Energie beweist ihr Talent in besonderer Weise beim Multitasking. Beobachtet eine Mutter! Sie kümmert sich um ihr Baby, bereitet das Frühstück, macht die Wäsche, beantwortet Telefonanrufe, sucht die verlegte TV-Fernbedienung, findet sie, schaltet den Fernseher für ihr älteres Kind ein, alles zur gleichen Zeit. Das klingt einfach, nicht wahr? Probiert es aus und schaut, wie ihr zurecht kommt.

Es ist nicht so leicht, mit einem Kind im selben Zimmer zu schlafen, denn das Kind steckt voller Energie. Man ist müde und schläft ein, sobald der Kopf auf das Kissen sinkt. Doch das Kind möchte spielen, eine Geschichte hören oder einen Film anschauen. Wenn es sonst nichts gibt, möchte es etwas trinken oder auf die Toilette gehen. Eine Mutter kann mit all dem umgehen. Sie besitzt Geduld, während dies für Männer eine herausfordernde Situation ist.

Die weibliche Energie zeichnet sich auch durch eine Art Flexibilität und Fließfähigkeit aus, an der es der männlichen Energie mangelt. Ich sage nicht, dass Männer das nicht haben. Sie haben sogar sehr viel davon, doch in einem schlummernden Zustand. Wir können sicherlich diese Energie erwecken und in unsere täglichen Aktivitäten fließen lassen. Es gibt zum Beispiel alleinerziehende Väter, die die weibliche Energie in sich finden und wunderbar damit zurechtkommen, ihre Kinder allein großzuziehen.

Ich sehe die Kraft femininer Energie in Amma sehr stark und im Verhältnis mit der maskulinen Energie ausbalanciert. Wenn ich sie in Aktion sehe, nehme ich in ihrer normal aussehenden Gestalt immer eine außergewöhnliche Energie wahr.

In ihren eigenen Worten: „Die Läuterung des Geistes und die Läuterung der Liebe geschehen simultan. Dies bewirkt einen aufwärts gerichteten Energiefluss, der euch letztlich auf den Gipfelpunkt der Existenz emporhebt."

Jesus sagte: „Ihr Narren! Ihr säubert den Kelch von außen, doch ihr reinigt nicht sein Inneres. Wisst ihr nicht, dass das Innere des Kelches nützlicher ist, als die Außenseite?" Jeder menschliche Körper ist ein Kelch oder eine Schale und wir reinigen täglich sein Äußeres, indem wir uns duschen. Doch wer reinigt auch das Innere, d.h. das Gemüt, die Gedanken und den inneren Aspekt des Lebens? Die Bhagavad Gita spricht von *Kshetra* (Körper) and *Kshetragña* (die innere Seele). Der Körper ist der Tempel und das innere Selbst (Seele) ist die Göttlichkeit.

Hier ist ein inspirierendes Zitat von Albert Einstein: „Ein Mensch ist Teil des Ganzen, das wir Universum nennen, ein Teil, das in Raum und Zeit begrenzt ist. Er erfährt sich selbst als etwas vom Rest Getrenntes, eine Art optischer Täuschung des Bewusstseins. Diese Wahnvorstellung ist eine Art Gefängnis, wir sind auf unsere persönlichen Wünsche beschränkt und unsere Zuneigung gilt nur wenigen Personen, die uns am nächsten stehen. Unsere Aufgabe muss darin bestehen, aus diesem Gefängnis auszubrechen, indem wir den Kreis unseres Mitgefühls erweitern und alle lebendigen Geschöpfe und die Gesamtheit der Natur in ihrer Schönheit umfassen."

Im Gegensatz hierzu sind die Menschen im Allgemeinen jedoch am wenigsten um andere besorgt. Die Geld- und Machtkrämer sind im Aufstieg begriffen. Der Verfall der Werte macht die Dinge noch schlimmer. Von der Gier in Beschlag genommen und gejagt von der Furcht um ihre Sicherheit führen die Menschen ein unglückliches Leben, während im Innern die Sorge an ihnen nagt.

Überleben verlangt Veränderung. Wenn wir uns dieser Veränderung widersetzen, wird die Natur uns in Form von Naturkatastrophen dazu zwingen.

Amma führt aus: „Es gibt zwei Arten von Wachstum: Erwachsenwerden und Altern. Erwachsenwerden ist eine Reise hin zu Reife, Altern hingegen führt euch zur Furcht und zum Tod. Letzteres widerfährt allen Menschen und Lebewesen. Das erstere jedoch geschieht nur bei denen, die den Mut besitzen, unter die Oberfläche der Erfahrungen des Lebens zu schauen und Veränderungen in völliger Offenheit zu akzeptieren."

Wie es George Bernard Shaw formulierte: „Fortschritt ohne Wandel ist unmöglich und wer seine Meinung nicht ändern kann, vermag überhaupt nichts zu verändern." Kurzum, eine wahrhaft heilsame Veränderung geschieht nur, wenn in unserem inneren Bewusstsein eine Verschiebung erfolgt, die das Abwerfen alter Erinnerungen, Gewohnheiten usw. mit einschließt. Ohne die innere Arbeit zu tun und die dunkle Vergangenheit zu vertreiben, erzeugen wir lediglich den falschen Eindruck, wir hätten uns verändert. In Wirklichkeit unterliegen wir einer Täuschung. Wir tragen jene Maske der Vergangenheit mit uns herum und identifizieren uns vollständig mit ihr. Wir glauben, wir seien die Maske und führen möglicherweise sogar andere auf denselben Pfad. Wie die Schriften sagen: „Es ist, als ob der Blinde den Blinden führt." Um es geradeheraus zu sagen, wir werden sogar in noch größere Dunkelheit gestoßen.

Unser Gemüt mag uns zu überzeugen versuchen, wir hätten große Fortschritte dabei gemacht, unsere Begrenzungen zu überwinden. Manche Leute geben einfach vor, sie hätten sich von der Vergangenheit gelöst. Andere sind sich lediglich nicht bewusst, dass sie immer noch in der Vergangenheit leben. Wer seine Begrenzungen und Schwächen wirklich überwunden hat, wird dies durch seine Handlungen unter Beweis stellen. Nur wenn wir die innere Reise von der Vergangenheit in die Gegenwart antreten, besteht Hoffnung für uns zu überleben und Erfolg zu haben.

Die dunklen Wolken der Negativität brauen sich mehr und mehr zusammen, doch eine vorurteilslose Bestandsaufnahme lässt lebhafte Zeichen eines Erwachens, eines Rufes nach Wiederbelebung erkennen. Es gibt viele aufrichtige Bemühungen für eine Umwandlung. Wir können es schaffen. In Wahrheit sind nur wir allein in der Lage es zu tun. Doch dazu müssen wir die unendliche Macht im unserem Innern erkennen.

Widrigkeiten sind der beste Nährboden, damit inneres Wachstum stattfinden kann. Ein Keimling muss kämpfen und sich mutig den Gefahren stellen, um aus dem Boden herauszuwachsen und zu einem großen, Schatten spendenden Baum zu werden.

Mir kommen Ammas Worte in den Sinn: „Normalerweise düngen wir eine Rose mit Kuhdung und gebrauchten Teeblättern. Mit dem übelriechenden, sogenannten Schmutz blüht die wunderbare, duftende Rosenknospe auf. Die Pflanze selbst hat viele Dornen, doch inmitten aller negativen Umstände sitzt die Rosenknospe frohgemut am Stengel und lässt alle an ihrer köstlichen Schönheit teilhaben. Auf der Welt scheint alles vom rechten Weg abgekommen zu sein, doch wir können und müssen aus dieser vorübergehenden Dunkelheit herauswachsen."

Alles ist dynamisch und verändert sich ständig. Es gibt ein echtes Bedürfnis für einen Wandel, bei dem es weniger um das Reparieren einer kaputten Welt geht, als vielmehr darum, Werte wieder in den Vordergrund zu stellen. Allmählich integrieren einige der umsatzstärksten Firmen Mitgefühl in ihre Geschäftspläne. Sie ergreifen Maßnahmen, um fürsorglicher und spiritueller zu werden. Aufsichtsratsmitglieder, die auf eine sozial verantwortliche Weise handeln wollen, stellen die gewohnheitsmäßig selbstsüchtigen Motive von Firmen und ihre unsensible Haltung gegenüber Mensch und Natur in Frage.

Mögen unsere Leidenschaft und unser Mitgefühl Hand in Hand gehen. Möge unser Denken durch Selbstprüfung und Meditation transformiert werden. Mögen alle Emotionen, die unsere Energie verschwenden, in Liebe – die reinste Form der Energie – umgewandelt werden.

www.ingramcontent.com/pod-product-compliance
Lightning Source LLC
LaVergne TN
LVHW051550080426
835510LV00020B/2934